产品经理成长破局与项目实操

芒果道长 编著

电子工业出版社

Publishing House of Electronics Industry

北京·BEIJING

内 容 简 介

对于刚入行的产品经理来说,"做好"和"做到"是急需解决的两大问题。

如何"做好"？解法是利用产品方法论,本书结合作者亲身参与项目的经验,整理了能做好绝大多数产品功能的方法论,相当于一部产品功能自查手册,介绍了如何判断需求的"靠谱程度"、如何验证需求的合理性、如何设定产品目标、如何增强用户体验,以及产品经理五大能力的培养方法,教会读者"做好"产品。

如何"做到"？即使听了再多的理论,要融入实践也有很长的路要走,大多数难以规划出合适产品功能的人,主要是缺少实操经验。本书有针对性地列出了作者实操的项目,利用大量案例讲解功能的设计逻辑和用到的方法,在教读者设计功能的同时,强化了对产品方法论的理解。

产品经理这个岗位在国内兴起近十年,不同规模的企业都对其十分重视。即使 AIGC 兴起,也无法代替综合性极强的产品经理。无论你是刚入行的新人还是打算转岗的观望者,本书都能帮你快速构建产品经理的能力；对于成熟的产品经理,本书会带来新的思考。

未经许可,不得以任何方式复制或抄袭本书之部分或全部内容。
版权所有,侵权必究。

图书在版编目（CIP）数据

产品经理成长破局与项目实操／芒果道长编著. —北京：电子工业出版社,2023.6
ISBN 978-7-121-45817-0

Ⅰ.①产⋯ Ⅱ.①芒⋯ Ⅲ.①企业管理－产品管理 Ⅳ.①F273.2

中国国家版本馆 CIP 数据核字（2023）第 111469 号

责任编辑：冯 琦
印　　刷：天津千鹤文化传播有限公司
装　　订：天津千鹤文化传播有限公司
出版发行：电子工业出版社
　　　　　北京市海淀区万寿路 173 信箱　邮编：100036
开　　本：720×1 000　1/16　印张：15　字数：240 千字
版　　次：2023 年 6 月第 1 版
印　　次：2023 年 6 月第 1 次印刷
定　　价：78.00 元

凡所购买电子工业出版社图书有缺损问题,请向购买书店调换。若书店售缺,请与本社发行部联系,联系及邮购电话：（010）88254888,88258888。
质量投诉请发邮件至 zlts@phei.com.cn,盗版侵权举报请发邮件至 dbqq@phei.com.cn。
本书咨询联系方式：fengq@phei.com.cn 或（010）88254434。

自　序

嘿，感谢你翻开此书。

写下这篇自序时，我正在阿里巴巴杭州 EFC 园区办公，而本书是在 2020 年 6 月开始构思的，那时我还未入职阿里巴巴。2020 年，疫情让很多企业束手无策，不得不关门裁员或尽力挽留员工，自媒体大肆渲染直播能够给企业带来新的增量，大量原本对直播一窍不通的团队也"all in"了直播赛道，所以当时的短视频平台上充斥着大量程序员"参演"的内容，程序员直播间也不在少数，淳朴的他们离商业很远，但也逃不过被卷入直播的命运，而一些离商业较近的产品经理则被迫"转行成为导演"。有做产品经理的朋友跟我说，那时他们在读的是《救猫咪：电影编剧指南》，因为公司要拍短视频。

我是在 2020 年 6 月初失业的，公司半年降了 4 次薪，最后还是保不住团队，缺乏现金流对产品是致命打击，加上我的家里发生了一些变故，那是我人生中的至暗时刻之一，我不想面对每个炙热的白天，也必须熬过接踵而至的漫漫长夜。杭州的天气，一到夏天就变得燥热，"但凡是个活物，都不敢在室外冒险"，而在室内，只能靠把人吹得头疼的冷空调，让整日汗淋淋的身体勉强保持干燥。偶尔有朋友打来电话，说他在车水马龙的商城里乱窜，似乎冒出了一些新的想法，想要求证，或者他害怕被陌生人看出他的焦虑，而我也好不到哪里去。

好不容易熬过一个星期，我的焦虑剧增，整个人变得有些恍惚，我打算去客厅的桌子旁边站一会儿，试图寻找一些可以让我分心的事物。我记得很清楚，当时桌子上摆放着几本麦卡勒斯、茨维格的小说，也有其他散落的书。等我想起来要看什么书时，却发现我站在卧室门后发呆，而脚趾正被门卡得生疼,看来回到我热爱的事情上或许还有救。于是,便有了本书的大纲。

回想起来,在做产品经理的这几年,我觉得对自己帮助最大的是认知上的成长,锻炼出的识别问题和解决问题的能力是产品经理的基本特质。特别是在面对复杂的问题时,产品经理要能独立思考,并判断问题的优先级。我经历过几个平台型产品,基本模式是自己搭建一个平台,连通供给方和需求方,靠抽取佣金来获取利润,好一点的平台会考虑扩大经营范围,尽可能多地覆盖用户的生活场景。但实际上,这样成长的平台几乎没有反脆弱能力,特别是在平台运作看起来很顺利的时候,原本积累起来的优点反而会成为最大的弱点。例如,我经历过一个奢侈品租赁平台,在安稳的市场环境中逐渐积累了很多业务,但面对疫情时,用户租赁奢侈品的消费场景不复存在,平台引以为傲的业务成了最致命的弱点。此类场景还有很多,产品在某些阶段只聚焦于放大自己的优点可能并不是什么好事。

记得在疫情之前,我和财务主管及仓库管理人员了解过整体流程和费用问题,发现公司的奢侈品以自己采购为主、寄卖为辅,这样的供应方式会使公司的现金被锁在固定资产中,没有流动性可言,我建议重新建一个奢侈品抵押和租赁的平台,以供私人奢侈品主发布奢侈品,并实现变现,从而提高供应链的灵活性。为了说服团队和老板,我还做了演示 demo,考虑到公司产研资源不够的问题,采用了小程序的形式,但在一片形势大好面前,产品一直没有被纳入开发日程,直到平台上的订单量减少到个位数,公司才想起来要解决供应链问题,于是将产品匆忙上线,但已经错过了时机,因为当时更重要的问题是保住基本盘。

在这个过程中,我是站在平台的视角看业务本质的,先总结得到包括供给方在内的多方角色的诉求和他们在该业务中的能力,再通过产品化形式为多方服务。具体路径为:从平台视角发现问题、判断优先级、提炼业务本质、设计能解决问题的产品、推动产品落地。实际上,这条路径中涉及的环节便涵盖了企业对平台型产品经理的能力要求。因此,本书的第 1 章和第 2 章便介绍了从多个视角出发了解业务本质的方法,有助于读者理解如何培养平台型产品经理。

自 序

2020年6月，人民邮电出版社出版了我的第1本书，我在成为产品经理前做了5年UI设计，在机缘巧合下写了《用户至上——移动UI设计实战指南》一书，在我收到样书取件短信时，特意打电话问了快递小哥可能是什么东西，他说可能是一摞书，我赶到快递点，拆掉厚厚的包装纸，在看到自己的想法被出版成书时，我快乐了两分钟。回到家里，我继续回到本书的大纲构思上，产品经理需要具备平台型能力，但这远远不够，任何平台都需要落地，产品经理能用到平台型能力的机会通常很少，在面对大型需求时，这些需求几乎都被资源或政策推动着，如老板拿到了某个资源，这个资源就指明了产品方向，产品经理的平台能力需要落地才能发挥价值。我想到在自己的实践过程中，那些被反复验证过的最优解是值得分享的，能让他人少走弯路，于是将实操的项目整理出来，并融入我对用户动机的观察和思考，即根据用户需求设计产品功能，向用户传递产品的价值和优化用户体验。

整理本书的内容是我热爱的事情，所以那个夏天对于我来说过得比较快，但整体就业环境还是没有好转。2020年9月，我打算继续投简历，在打开招聘网站时，背后传来书本重重砸在木地板上的声音，我急忙转身，发现我儿子试图把我写的那本书从书架上抽出来，因为书的内侧贴了我的半身照，他很喜欢看那张照片。我确认他没受伤后，继续回到计算机前投简历，想着招聘网站每天推送更新几百条信息，却没有几个人能找到合适的工作。这时，一个恐龙烧（其实是铜锣烧，但我儿子一直叫它恐龙烧）被递到书桌边上，那里堆满了小零食、积木、小汽车，还有一个被洗得变了形的玩偶，我转身看他忙着给我找东西，同时盖上了计算机屏幕。追到他身后，把他举过头顶转圈，小朋友特有的气味在我鼻腔里打转……回想起那几个月的焦虑，我熬得过来，除了出于对产品经理这份工作的热爱，最大的动力还是我当时两岁半的儿子。

招聘网站每天推送更新了多少个岗位的消息，这些数据是不是真的能帮助用户呢？出于运营诉求，用户会感觉网站所能提供的岗位有很多，但事实上，这样的数据不仅没有解决用户的问题，反而制造了焦虑。在产品经理的岗位要求中，有一条是关于数据的，即要有数据分析能力，没有接触过数据分析的人可能觉得这是一个门槛很高的事，但其实数据分析是定量的、客观的，具有极高的确定性。对于产品经理来说，基本上只需要通过数据统计来检验产品功能是否有问题，或者从数据中发现新的机会。本书的第 8 章总结了数据统计和分析的基本思路，以及如何用数据帮助产品做改进。

以上，便是本书的由来和我的一些心路历程，愿您阅读愉快，身体健康，生活幸福。

芒果道长

2023 年 4 月 24 日 写于杭州市

目 录

第1章 解构产品经理 ········· 001
1.1 产品经理是谁 ········· 002
1.2 如何做刚需产品 ········· 003
1.2.1 面临的挑战 ········· 003
1.2.2 具体怎么做 ········· 006
1.3 产品经理的4个核心能力 ········· 010
1.3.1 业务理解能力 ········· 010
1.3.2 问题梳理能力 ········· 013
1.3.3 规划能力 ········· 015
1.3.4 管理能力 ········· 017

第2章 产品实战方法论 ········· 021
2.1 设计产品的5个核心步骤 ········· 022
2.1.1 步骤1：确定目标用户 ········· 022
2.1.2 步骤2：验证需求的合理性 ········· 026
2.1.3 步骤3：保证需求的确定性 ········· 028
2.1.4 步骤4：设计功能 ········· 032
2.1.5 步骤5：产品方案自查 ········· 035
2.2 提高产品价值的3个步骤 ········· 040
2.2.1 步骤1：确定产品目标 ········· 040
2.2.2 步骤2：规划产品方案 ········· 041
2.2.3 步骤3：设定衡量指标 ········· 044
2.3 提高使用效率的4个方法 ········· 045

2.3.1 方法1：优化流程 ·· 045
2.3.2 方法2：遵从用户的使用习惯 ······················· 048
2.3.3 方法3：构建清晰的任务路径 ······················· 049
2.3.4 方法4：统一产品的交互逻辑 ······················· 050
2.4 好产品需要包容用户情绪 ·· 051
2.4.1 情绪对行为的影响 ······································ 051
2.4.2 如何基于情绪设计产品 ································ 052
2.4.3 福格行为模型的启示 ··································· 054

第3章 用户体系设计 ··· 057

3.1 构建用户画像 ··· 058
3.1.1 资料收集 ·· 058
3.1.2 完善资料的3个要点 ···································· 059
3.2 建立风控系统 ··· 061
3.2.1 产品逻辑 ·· 061
3.2.2 用户标签体系 ··· 065
3.3 用户激励体系 ··· 068
3.3.1 用户等级、勋章、积分 ································ 068
3.3.2 如何设计激励体系 ······································· 071

第4章 社区功能设计 ··· 079

4.1 动态社区 ·· 080
4.1.1 关注功能 ·· 080
4.1.2 发现功能 ·· 082
4.1.3 同城功能 ·· 086
4.1.4 发布动态关联商品功能 ································ 088
4.1.5 动态审核后台功能 ······································· 089
4.2 评论系统 ·· 091
4.2.1 评论功能的产品逻辑 ··································· 091
4.2.2 评论功能实践 ··· 093

目 录

第 5 章 电商功能设计 ································· 097

5.1 商城和分类 ································· 098
- 5.1.1 App 首页布局逻辑 ································· 098
- 5.1.2 商品详情 ································· 102
- 5.1.3 分类和筛选 ································· 105

5.2 分组和订单 ································· 108
- 5.2.1 商品个性化展示的原理 ································· 108
- 5.2.2 多级分组功能 ································· 110
- 5.2.3 商品管理后台 ································· 112
- 5.2.4 仓库管理系统设计 ································· 115

5.3 优惠券 ································· 123
- 5.3.1 生命流程 ································· 123
- 5.3.2 管理后台 ································· 126

5.4 购物车 ································· 128
- 5.4.1 功能目标 ································· 128
- 5.4.2 项目实践 ································· 129

5.5 订单 ································· 131
- 5.5.1 常规订单 ································· 131
- 5.5.2 售后订单 ································· 133

5.6 认识会员制电商 ································· 135
- 5.6.1 从 Costco 得到的启发 ································· 135
- 5.6.2 会员制功能设计实践 ································· 140

第 6 章 搜索和消息通知 ································· 149

6.1 搜索 ································· 150
- 6.1.1 底纹词显示 ································· 150
- 6.1.2 关键词补全 ································· 153
- 6.1.3 分词和排序 ································· 155
- 6.1.4 搜索结果纠偏 ································· 157

6.2 消息通知 ································· 160

6.2.1	站内通知	160
6.2.2	站外通知	163

第 7 章 管理技能 167

7.1 高效能产品经理的管理技巧 168
- 7.1.1 产品经理的产出等于团队产出之和 168
- 7.1.2 高效沟通的技巧 174
- 7.1.3 口头沟通的原则 176

7.2 需求优先级的判断方法 178
7.3 产品生命周期及其 4 个阶段的特征 182

第 8 章 数据统计和分析 189

8.1 用数据发现机会和找出问题 190
8.2 常见的 3 个数据分析方法 197
8.3 如何用数据帮助产品做改进 202

第 9 章 番外篇 207

9.1 产品经理如何保持精进 208
- 9.1.1 关注事物的本质而不是现象 208
- 9.1.2 交付确定性方案 211
- 9.1.3 提高系统思维能力 212

9.2 能力成长和职业规划 216
- 9.2.1 认识岗位 216
- 9.2.2 关于职业方向的 3 个困惑 219
- 9.2.3 如何正确认知焦虑 220

9.3 加强认知 222
- 9.3.1 如何发现产品机会 222
- 9.3.2 如何提高产品价值 224
- 9.3.3 理解产品发展的全局 226

第 1 章

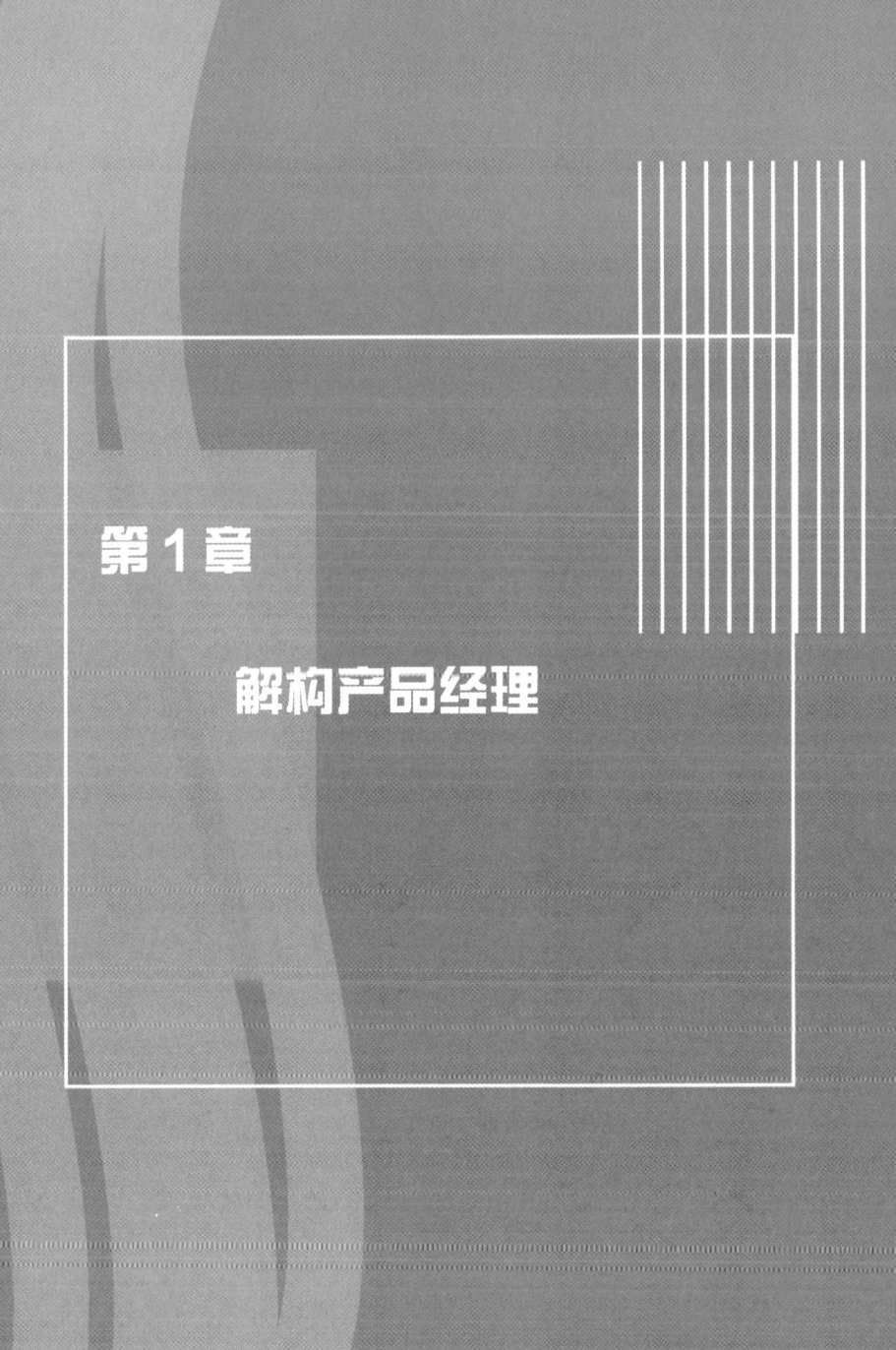

解构产品经理

1.1　产品经理是谁

如果要从企业中找到一个最像 CEO 的岗位，那就是产品经理。在工作过程中，产品经理收获的技能和锻炼出来的行事风格，将形成具体的标签，这些标签体现了产品经理的特质，产品经理的特质与 CEO 的特质十分相似。产品经理与 CEO 的特质对比如图 1-1 所示。

CEO 的特质	≈	产品经理的特质
行业见解		商业嗅觉
发展方向		制定和完成目标
谈判与管理		沟通

图 1-1　产品经理与 CEO 的特质对比

第一，CEO 需要对所在行业有一定的见解，包括行业格局、竞争对手的情况、企业的优劣等，这些见解能帮助 CEO 做出有效的决策。而对于产品经理来说，用人单位要求其具备商业嗅觉，这里的商业嗅觉具体考查的是产品经理对行业发展现状和竞争格局的理解，充分的理解可以帮助产品经理策划产品和做出决策。

第二，CEO 要为企业确定明确的发展方向，并对各目标进行分配，使各部门向一个方向努力。在实现各目标的过程中，CEO 应跟踪目标的完成情况，以及时协调资源，推动解决所遇到的问题。而产品经理应具有"清晰的思路和推动需求落地的能力"，进而具有确定目标和带领团队完成目标的能力。

第三，CEO 要能与各业务方洽谈合作，并向团队成员传达合作的项目信息和工作内容。例如，CEO 争取了一个合作机会，但签约条件是在一个月内完成某个项目。在这种情况下，CEO 不仅需要争取合作机会，还需要有清晰的思路和强大的组织能力，在遇到团队成员不配合的情况时，CEO 应能对其进行安抚并顺利完成项目。而产品经理应具有较强的沟通能力，包括向上沟通和向下沟通两个方面，与上级和开发人员等准确沟通、密切联系。

通过对比产品经理与 CEO 的特质，我们发现产品经理在工作过程中收获的技能也适用于 CEO。在产品经理的成长过程中，判断其能力也无非是从上述 3 个特质出发，能力强的产品经理有灵敏的商业嗅觉、能确定和完成目标、具备良好的沟通能力，无论是在顺境还是逆境中，都能带领团队实现目标。

1.2 如何做刚需产品

1.2.1 面临的挑战

1. 产品价值不稳定

做刚需产品的挑战在于，用户需求会受外因的影响，容易变动。例如，面对用户想吃面包的需求，产品经理可以选择为用户提供叫外卖的服务，也可以选择提供教用户做面包的服务，甚至可以为用户提供加工到半熟的面包，用户只需要自行加热。但对于用户来说，他们更关心的是实际拿到的面包，他们的最终目的是"吃面包"，面包的获得只是过程，核心逻辑如图1-2所示。

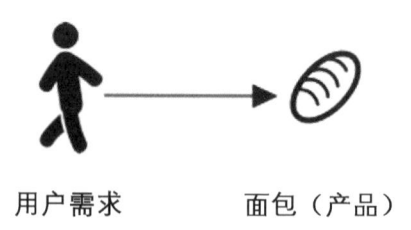

图1-2 核心逻辑

当为多个用户提供服务时，如果这些用户所处的场景相同，则对"吃面包"产生的效用是相同的，这时，马克思对商品价值的定义成立，即价值是凝结在商品中的无差别人类劳动。但产品经理无法确保用户所处的场景稳定，不同用户面对的外部因素不同，导致需求变化。外因会影响用户需求，如图1-3所示。

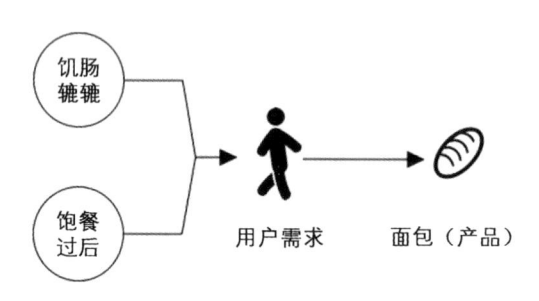

图1-3 外因会影响用户需求

当用户处在饥肠辘辘的场景中时，我们提供的面包有很高价值，面包能极大满足用户充饥的需求；当用户处在饱餐过后的场景中时，我们提供的面包价值较低，吃面包不能大幅提升幸福感。通过该例子，想必读者朋友已经理解"做刚需产品"的挑战了，用户所处的场景是变化的，这导致他们对产品的预期是变化的，产品在用户心中的价值并不稳定。

笔者在经历多个项目后渐渐明白了一个道理——即使场景不变，对于用户来说，产品的价值也不是稳定的。以"饥肠辘辘"的场景为例，如果我们的目标用户每天下午 4 点"饥肠辘辘"，我们每天下午 4 点准时为他们提供相同的面包，当他们连续吃了一段时间后，面包在用户心中的价值就变了，它的价值随用户内在动机的变化而变化。笔者曾做过一个奢侈品电商平台，在回访流失用户时发现，品类单一使他们失去了兴趣。

因此，产品价值不稳定是产品经理做刚需产品的重要挑战之一，产品经理需要解决场景的问题，以及产品价值衰减的问题。

2. 用户需求复杂

每个用户都是独立的，不同用户的目标存在区别，即使用户目标相同，为了实现目标而做出的行为也未必一致。因此，用户需求复杂也是做刚需产品的重要挑战。

面对复杂的用户需求，产品经理的解决方案是将用户群体化。本书第 3 章介绍用户体系，其功能包括给用户打标签。例如，用户 A 和用户 B 是两个完全不同的人，但他们有类似的商品风格偏好，系统就会给他们打相同的标签，并给他们推荐与该标签有关的商品。无论是对于 B 端（机构或商家）还是对于 C 端（个人用户），产品经理都以集体人格的方式设计方案，为具有相同标签的用户提供相同的功能、相同的内容、相同的活动类型，给目标用户群设定边界，把他们硬生生地捏成一个集体，将为复杂的个体提供个性化产品方案变成为集体提供相同的产品方案。

除了复杂的用户需求，产品经理本身也很复杂，用户所见到的产品都是产品经理规划好的。如果产品经理的权利得到有效伸展，则可以做出满足用户需求的产品；否则会起反作用。有人将权利理解为能够施加给别人的压力，但作为产品经理，笔者更愿意将权利理解为阿德勒主义所定义的——权利是对自我的克制，是一种朝向自我改进的活动。

2013 年，笔者和朋友一起研究做外骨骼机器人，希望在父母年迈时，可以为他们提供助力，我们做了不少先驱产品的研究收集，也买了气动元件自己动手尝试，但做这样的产品对机械知识的要求极高，后来就没有继续推进了。但是，笔者也一直在关注相关行业，2050年我国老年人口将接近5亿人，可能对相关产品有大量需求，目前有些产品宣传的是具有语音报警、语音陪聊、唱歌等功能，我们不去猜测其团队决策开发上述功能的背景，不过值得作为产品经理的我们警醒的是，一个产品越远离问题的核心，该产品对用户来讲就越没有价值，产品经理的"权利"应该保证产品和用户需求匹配。

笔者很喜欢"现代营销学之父"菲利普·科特勒的一句话："严格来说，其实根本不存在产品，客户唯一为之付钱的是体验。"体验的好坏代表核心问题被解决的程度，仅具有语音陪聊功能的外骨骼机器人，没有解决用户"从卧室走到院子里去晒太阳"的核心问题，笔者想，这种产品带给用户的体验不会很好。市面上有不少所谓的人工智能产品亦是如此，挂着科技的标签却偏离核心功能，打着完美解决用户问题的旗号误导消费者，直到被用户抛弃才明白，解决用户问题才是目标，这值得我们关注和思考。

1.2.2 具体怎么做

1. 确定用户的核心问题

产品经理做决策时，需要从用户的核心问题出发，以保证产品方案不会偏离用户需求，如何确定用户的核心问题呢？一般来讲，用户的问题可以分为以下两类。

第1类：客观问题。

此类问题的特征是客观存在，并且只有一个明显的正确答案。例如，用户错过了买菜时间或错过末班车、患有季节性过敏鼻炎等，这类问题有明确的诱因和对应的答案，因为问题都是客观存在的。在面对这类问题时，产品经理可以不去深究，把明确的解决方案提供给用户即可。

第 2 类：推断问题。

此类问题是用户基于某些已有的素材推断得到的。例如，平台上某个单品的销量下降了，这是已有的素材，基于此推断销量下降的原因时，得到的答案可能是单品品质不好，或者是单品发货慢导致老用户回购率下降等。面对此类问题，产品经理只有找到背后的深层原因，才能给出解决方案。

只有在深度理解用户面对的核心问题后，产品经理提供的解决方案才有效。不过，与我们提供的产品或服务相比，用户更关心的是使用我们的产品后，那个变得更好的自己。例如，当用户在与别人谈论喜欢的健身 App 时，他们很少谈论这个 App 创始人的经历多有趣、这个 App 的设计多好看，他们更愿意谈论的是自己在使用这个 App 后身材变得多好。同样，当用户与别人分享某个知识付费类产品时，读者朋友认为他们会讨论什么？用户不会大肆谈论这个产品的形式是 App、SaaS 模板，还是定时邮件，用户在意的是他们获得知识后实现的技能提升，以及技能提升所带来的收益回报。

产品经理在面对复杂场景时，如果实在深挖不出用户问题背后的原因，那么请记住，每个人的行为动机都是**"获得快乐或逃离痛苦"**。快乐和痛苦在很多时候是一对矛盾体，用户行为动机如图 1-4 所示。

图 1-4　用户行为动机

实际上，读者朋友可以把这句话理解为帮助用户变得优秀。例如，便捷的网上购物能帮用户节省金钱和时间，带给他们快乐；物流送上门能帮用户免去自己搬运的痛苦。不过，我们需要关注"获得快乐"和"逃离痛苦"的方向不同，"获得"是向心力，而"逃离"是离心力，产品经理在做产品时可以思考自己的业务对于用户来说是向心的还是离心的，重点要放大向心力。

2. 帮助用户持续进步

产品满足用户刚需的一个表现是用户愿意自发地持续使用产品，对产品的要求是用户在使用产品的过程中是持续进步的。不过，用户持续进步的道路不是畅通无阻的，他们可能需要从"小白用户"开始，花较多时间和较大精力学习使用产品，逐渐解决问题，直到变成专家用户。熟练程度越高，越能节省时间和精力。产品要保证在这个进步的过程中，尽可能减少阻碍用户的干扰因素。进步回报和干扰因素的关系如图1-5所示。我们以图1-5为基础，分析产品经理做刚需产品需要考虑的4个逻辑。

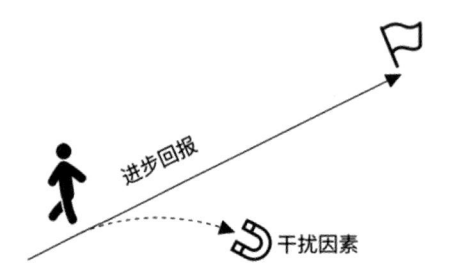

图1-5 进步回报和干扰因素的关系

逻辑1：引导用户强化自驱力。

使用户持续进步的动力有两种，一是内在的自驱力，这种内在的自驱力会形成抛开物质的自我激励机制，不管外在如何困难重重，用户都愿意长久地使用产品。例如，对于很多保持终身学习的人，他们学习不是为了得到外界的奖励，而是为了拓展生命长河的宽度。二是外在激励，外在激励体现为明确的物质或声望。例如，当用户完成某个指定的任务后，可以获得金钱奖励；风靡一时的微信步数排行也是外在激励的表现形式，步数最多的人可以在好友列表里排第一，并且能够占据榜单封面一天。

这两种动力激励用户前进的方式有很大区别，内在的自驱力是长期的激励机制；而外在激励是短期且不可持续的激励机制。对于外在激励来说，只有持续追加才能驱动用户继续使用产品，当诱因变弱时，用户很可能会停止使用该产品。因此，产品经理应优先考虑能够帮助用户培养内在自驱力的方案。

逻辑 2：及时回报进步。

用户持续进步的关键是"进步回报"，当用户的付出到达一个节点时，产品要及时向用户反馈他们的进步回报，回报行为是用户判断自己是否进步的重要标志之一。

产品经理需要注意，向用户反馈的进步回报不仅可以包含正面信息，还可以包含负面信息。在健身类 App 中，打卡锻炼任务向用户反馈的就是正面信息；在拼团失败时，用户收到的就是负面信息。但在处理负面信息时，产品不仅需要告知用户任务的结果，还需要鼓励用户继续完成任务。例如，当用户拼团失败时，系统弹出"只差 1 人就拼团成功了，再接再厉"等引导语。

反馈负面信息可以驱动用户继续使用产品，在游戏类产品中，一些沉迷策略是使用户适当失败，这种失败能激起用户的好胜心，从而保持对该产品的兴趣。

逻辑 3：减少干扰因素。

笔者觉得"少即是多"的意思不是越少越好，关键是要减少干扰用户进步的因素，在这个过程中，与其通过各种外在手段来激励用户前进，不如关注是什么导致用户不能继续前进了。如果用户没有能力冲破障碍，其可能更改原定目标，转而朝着其他目标前进。

在产品设计上，要减少干扰因素，可以从两个方向思考。

一个方向是给用户预期和向用户提供帮助。例如，使用户在使用产品的过程中能预料到自己变得优秀的样子，常见的策略是在线教育的"成功学员墙"，它向用户展示了使用该在线教育产品后可能获得的成功。向用户提供帮助一般需要借助产品的帮助文档或类似商学院的内容策略。例如，SaaS 供应商、平台类 App 基本都有针对商家的商学院，向用户呈现很多真实案例和实操手册，帮助新手商家更好地经营自己的业务，从而更愿意为产品续费。

另一个方向是为用户创建路径清单。在用户刚接触产品时，我们很难做到让用户在短时间内将所有功能都使用一遍。产品经理可以将核心功能梳理成一个清晰的路径清单,使用户可以按路径体验核心功能。实际上,SaaS 类和游戏类产品都有类似的策略。对于 SaaS 类产品来说,用户可以使用初级功能,使用高级功能时需要手动开通;对于游戏类产品来说,用户则是按照从初级难度到高级难度的路径前进的。

逻辑 4:帮用户创造价值。

我们所谈的价值主要包括两类。

第 1 类是固定价值,是产品的核心业务形态给用户创造的价值,如用户使用产品后提高了生活品质或降低了生活成本等,这类价值是固定的。

第 2 类是可交换的价值,指将用户在产品上付出的行动转化为其他可以回报给用户的价值。例如,在一些分销平台上,用户发布的购物评价被其他商家引用后,发布购物评价的用户可以收到一个红包。

> **总结**
> 用户需求会随用户的成长和环境的变化而迁移,产品经理除了需要关注在用户成长过程中产生的新问题,还需要考虑能否帮助用户提高他们的价值。百分之百满足用户需求是理想状态,但我们希望用户在使用我们的产品后,能够变得更好。

1.3 产品经理的 4 个核心能力

1.3.1 业务理解能力

1. 理解行业发展趋势

理解行业发展趋势可以从两个角度出发。

第 1 章　解构产品经理

第 1 个角度是根据经验常识推断，我们可以对比两种"上门业务"。对于互联网送鲜奶上门业务来说，从经验上看，大部分家庭喝鲜奶的习惯没有建立，我们可以提炼出该业务的几个特征：受众窄、低频、需求为普通需求；对于送菜上门业务来说，从经验上看，该业务的特征是受众广、高频、需求为刚性需求。移动互联网的普及程度越来越高，人们对便捷性的需要也不断增长，在成本结构相差不大的情况下，选择送菜上门的用户会越来越多，该行业的发展趋势明显是上升的。根据经验常识推断行业发展趋势如图 1-6 所示。

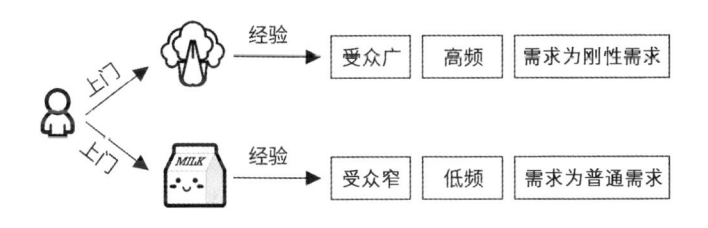

图 1-6　根据经验常识推断行业发展趋势

第 2 个角度是根据发展的必然性推断，这些因素是具备确定性的。例如，"2050 年我国老年人口将接近 5 亿人"具有一定的确定性，因此从事养老相关行业将是利好的。

通过结合这两个角度基本就能理解行业的发展趋势了。

2. 理解竞争局势

理解竞争局势包括理解竞争对手的数量、典型竞争对手所占的市场份额、竞争对手的优势和劣势等。基于这些信息，我们可以判断自己处在该行业的哪个环节，以及我们做好产品需要付出什么行动。接下来，我们分析如何理解竞争局势。

市场份额示意图如图 1-7 所示。假设最大的空心圆表示我们所在行业的总的市场份额，内部的实心圆表示不同的竞争对手所占的市场份额。那么，白色区域就是我们可以争取的市场份额，如果白色区域的面积在不断增大，这种状态就是增量市场；如果白色区域的面积没有增大，且竞争对手在不断蚕食市场,这种状态就是存量市场。无论是增量市场还是存量市场,白色区域越大,意味着竞争越小。

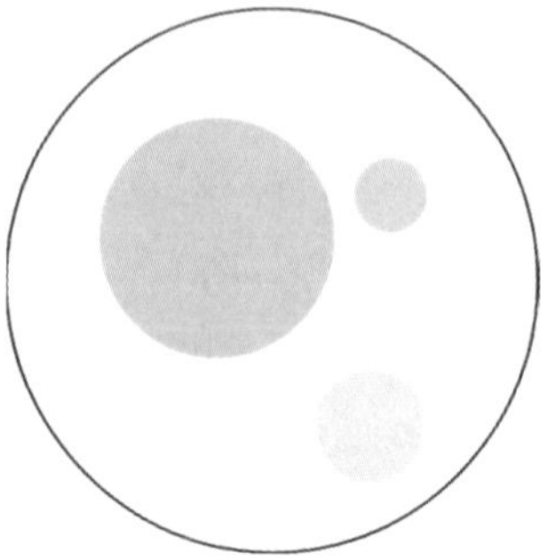

图 1-7　市场份额示意图

需要注意的是,当竞争对手较少和市场份额较大时,要警惕该市场是否真的有机会,极有可能是因为该市场太领先,大量竞争对手还没有入局,或者该市场本身就没有太大价值。反过来,如果市场上已有大量竞争对手,且市场所剩份额很小,好消息是这个方向正确的概率更大,但如果选择此时进入,则会面临激烈的竞争,成功的概率较小。

3. 理解商业模式

理解商业模式的主要目的是搞清楚公司在目前的商业模式中是什么角色、市场对这个角色的要求是什么、我们做得怎么样。要搞清楚这 3 点,可以回答以下问题。

(1) 公司是怎么盈利的?

公司靠提供什么服务盈利?产品经理应找出公司可以被放大的能力,在这方面深挖以获得更大的市场份额,从而赚取更多利润。

(2) 公司的盈利能力是否可持续?

应找出公司盈利能力的缺点。例如,公司通过为电商平台供应商品 A 来赚取差价,但是公司对商品 A 没有定价能力,经常面临电商平台的压价或原材料供应商的抬价,这意味着公司的盈利能力是不可持续的。那么,产品经理就需要考虑提高公司的议价能力，并保证其盈利能力可持续。

（3）持续盈利的关键因素是什么？

应分析公司的不可替代性。例如，公司为主播提供电商 SaaS 服务，那么对于主播而言，该产品有哪些优势是其他竞品无法替代的，或者有哪些先进的专利技术？

1.3.2　问题梳理能力

问题梳理考察的是产品经理理解和提问的能力，如何提问并保证问题的准确度呢？可以按照理解场景、明确目标、消除障碍和给出方案的步骤思考。假设公司要进入出行领域，做出行产品的逻辑如图 1-8 所示。下面介绍需要完成的 4 个步骤。

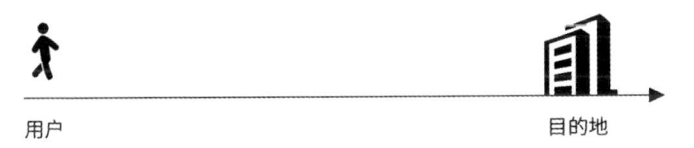

图 1-8　做出行产品的逻辑

1. 步骤 1：理解【场景】

用户所处的场景决定了他们解决问题的迫切程度，在图 1-8 中，用户的目的地可能是商场或医院，用户去医院的迫切程度更高。场景还包括用户与目的地的距离、天气等。产品经理在梳理用户的问题时，从场景出发能找到更准确的答案。

2. 步骤 2：明确【目标】

明确用户目标是为了定位产品大方向。如果用户去商场是为了闲逛，则出行服务的快慢不是核心，但如果用户去商场是为了与某个重要的人约会，需要准时参加，则出行服务的快慢就很重要了。用户的目标不同，则对出行方案的期望不同。如果要闲逛，对出行方案的期望是性价比高；如果要参加重要约会,对出行方案的期望是准时,这里的"性价比高"和"准时"存在一定的矛盾,对产品的发展方向有不同影响。

3. 步骤3:消除【障碍】

用户在实现目标的过程中会遇到各种障碍,如图1-9所示,产品经理需要考虑如何帮助用户消除障碍。常见的消除时机有两个:一是在用户行动前,我们可以告诉用户可能遇到的问题,并提供备选方案;二是在用户遇到障碍后,我们可以告诉用户采取什么样的行动能消除障碍。用户遇到的障碍主要包括以下两类。

图1-9 用户在实现目标的过程中会遇到各种障碍

(1)能力上的障碍。

生理或环境限制会导致用户没有能力实现目标。产品经理侧重考虑环境限制。例如,我们的产品是在线叫车App,在行驶过程中,司机无法观看App上的订单,于是我们的产品可以设计为通过语音播报订单;司机听到播报后手动点击抢单,我们将抢单按钮设计得足够大就可以方便司机点击了。

(2)心理上的障碍。

用户心理上的障碍主要体现为信任问题,我们要考虑如何降低用户防备心理并建立信任。用户的不信任主要是担心产品给他们带来损失或附带伤害,如担心出现财产损失、担心身份信息被盗用、担心隐私泄露等。解决用户心理障碍的产品方案需要视实情而定,最简单的是充分说明产品是如何保障安全的。

4. 步骤4:给出【方案】

产品经理至少要给出一个"用户最差可接受"的产品方案。对于出行业务来说，由于前期愿意注册的网约车不多，给用户提供一辆自行车是不是也能帮助他到达目的地呢？如果用户的障碍是一座山，我们是否可以给他提供一只能够载着他翻山的大象？"用户最差可接受"的产品方案如图 1-10 所示。

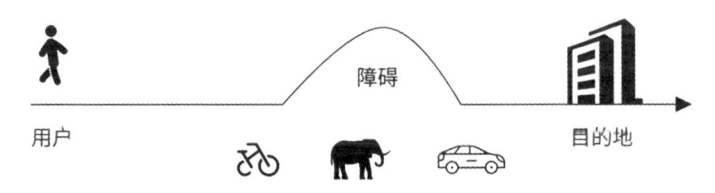

图 1-10　"用户最差可接受"的产品方案

不过，在提供"用户最差可接受"的产品方案时需要考虑 2 个要求。一是产品方案的体验要完整，完成任务的流程不能缺失和中断，如给用户提供租自行车的服务，不能租了还不上；二是要避免追求超出团队资源范围的解决方案，如团队能提供的是自行车和小轿车，没有必要为了追求体验而提供大象。

1.3.3　规划能力

在谈论规划这个词时，产品经理需要把时间维度拉得比较长。提高规划能力的 5 个维度如下。

1. 确定愿景

好的愿景能为团队指明方向，产品经理在面对产品时，规划就是冲着实现愿景去做的，愿景是在与公司目标一致的前提下，实现一个有共识的、看起来够得着的远大目标。

2. 主动识别新技术的影响

产品经理主动识别新技术的影响的主要目的是发现机会。

笔者曾给一个在线音乐教育团队做过产品方案，该团队在线下有几家连锁的实体店，老板觉得把线下的教学内容复制到线上，可以赚线上的钱。因此，他们做了一个App，为用户提供免费的钢琴谱和吉他谱，以及付费的教学视频。在实践过程中，他们用现金奖励老师上传教学视频，但核算下来发现这部分奖励在成本中占了很大比例，最终没能继续做下去。实际上，目前有根据琴谱生成教学视频的技术，完全可以帮助该团队省去大量成本。

3. 具备同理心

产品经理应能感同身受，站在用户的角度直面他们的问题，信任用户正在遭受的痛苦，而不是拿出一个"我这是为你好"的解决方案。

产品经理不具备同理心往往是受自己的主观愿力影响，这些主观愿力源于产品经理的焦虑、恐惧等情绪。在这种情况下做出的产品决策带有产品经理的个人喜好，多数时候会变成一种妄想，而产品经理则变成了唯一的"超级用户"。

具备同理心意味着能敞开心扉地容纳用户的真情实感，这需要很大勇气。笔者曾面试过上百位产品经理，有的人对某电商平台嗤之以鼻，有的人觉得某类职业培训产业很低端，这样的想法不能帮助他们成长。用户的痛苦会投射到他们的行为上，这些产品并不低端，它们能帮用户解决问题，确实站在了用户的角度，那些设计产品的人是真正具备同理心的人。

4. 关注用户成长

用户成长的初级目标是产品能解决用户的问题；中级目标是在使用我们提供的产品后，用户能自己解决自己的问题；高级目标是用户能够帮助其他人解决问题。例如，做体育健身方向的产品就要关注用户生理上的成长，做知识付费方向的产品就要关注用户精神上的成长，不要太关注跨度过大的事情。

乐器教育类产品的用户成长如图1-11所示。初级目标是帮助用户学会一门乐器；中级目标是使用户可以自学和熟练演奏；高级目标是使用户成为授课老师或音乐制作人。

总的来说,用户成长的路径是实现自己、超越自己、成就他人。

图 1-11　乐器教育类产品的用户成长

5. 确定成功的标准

成功的标准是用于检验方案最终效果的规则,可以围绕以下 4 个维度展开。

- 降低成本。
- 增加营收。
- 增加用户数。
- 提高用户满意度。

在确定成功的标准时要避免天马行空,需要与团队成员明确该标准,以保证在推进过程中不发生偏离。

1.3.4　管理能力

1. 时间管理

1）管理好自己的时间

产品经理的时间以项目排期为单位,这样得到的时间就像平铺在桌面上的一块块长方形巧克力。我们可以根据需要移动每块巧克力的位置,产品经理对自己的时间管理如图 1-12 所示。

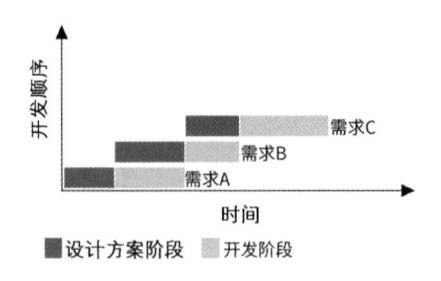

图 1-12　产品经理对自己的时间管理

在图 1-12 中，有 3 个待开发的需求，当研发团队开发需求 A 时，产品经理就可以开始设计需求 B 的方案了。同理，当研发团队开发需求 B 时，产品经理就可以开始设计需求 C 的方案了。

产品经理的时间是被提前透支的，在很多时候，需求的开发顺序不是按照计划来的，常常出现临时调整优先级甚至增加新的需求的情况。产品经理只有管理好自己的时间，才能让每个项目的开发无缝衔接，从而提高团队的工作效率。

2）管理好他人的时间

对他人的时间管理也是产品经理日常工作内容的重要组成部分。但是我们没法控制他人的时间，我们能做的是对他人的时间安排心中有数。产品经理对他人的时间管理如图 1-13 所示。

图 1-13　产品经理对他人的时间管理

例如，运营团队要在 9 月周年庆的时候做一次大面积推广，则产品经理可以借他们的势趁机推广新功能；UI 团队过两天就会闲下来，则产品经理可以提前与他们沟通后面的版本，早日投入设计。

2．跨部门管理

跨部门管理不仅需要与同级部门沟通，还需要与管理层沟通。跨部门管理如图 1-14 所示。

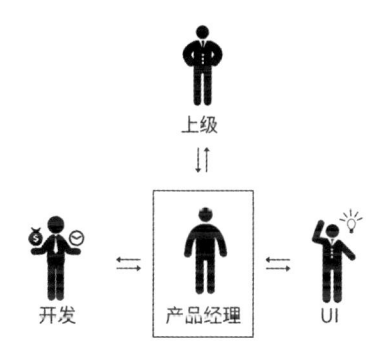

图 1-14 跨部门管理

跨部门管理的目的是同步工作，同步工作的目的是使大家的信息保持对齐，当产品计划有新的变动时，应及时同步给所有参与项目的人，保证各项工作能够及时得到调整。下面介绍两个重要的用例。

1）上线同步

在产品上线前，产品经理可以给所有参与项目的人发一封正式的上线通知邮件。首先，要告知在各端上线的具体时间、上线先后顺序，如后端代码在 App 审核通过后才能正式发布；其次，要安排好不同人员的工作内容，如运维同事 A 先合并代码到线上环境，接下来负责 iOS 系统的同事 B 提交 App 审核、负责安卓系统的同事 C 提交打包后的代码到各大应用市场；最后，要提供本次上线的核心功能、市场图片和文案等信息，以便相关人员了解新功能。

在提交审核后，可以将该邮件抄送给负责该功能的运营团队和管理层，告知他们预计在什么时间通过审核，以及接下来的工作安排。在 App 审核通过且可以在各大市场下载时，再通过邮件确认上线消息，并附上 App 在应用商店中的介绍截图。

2）工作汇报

如果是小团队则可以采用口头汇报的方式，以周或月为节点，重点汇报已经完成的工作和正在做的工作，也可以采用邮件的形式。工作汇报不仅可以向上级梳理你的工作，还可以获得好的成长建议和协助。

> **总结**
>
> 　　首先，产品经理应能理解行业发展趋势、竞争局势和商业模式；其次，产品经理应能梳理用户的问题并给出"用户最差可接受"的产品方案；最后，产品经理应能结合产品愿景，主动识别新技术的影响和潜在竞争风险，带着同理心，以关注用户成长为目的，制订可以用成功标准衡量的产品方案。在上述过程中，产品经理应做好时间管理和跨部门管理，高效地完成每个项目。

第 2 章

产品实战方法论

2.1 设计产品的 5 个核心步骤

2.1.1 步骤 1：确定目标用户

1. 确定目标用户的目的

1）目的 1：找准用户需求

产品经理需要找准用户需求，避免只看到用户呈现的表面状态。

如果找不准目标用户，产品所解决的需求可能是模糊的。

例如，对于某个艺术类在线教育产品，用户可以在线观看绘画课程，但平台始终不能确定目标用户。如果目标用户是艺考生，则用户需求是提高分数；如果目标用户想发展一门兴趣，则用户需求可能是速成和提高审美。平台在确定目标用户上摇摆不定，导致推广无效，出现增长乏力的情况。

2）目的 2：了解用户的购买能力

如果用户的购买能力不足，则需要切换目标用户；如果用户的购买能力极强，则可以调整产品组合，重新定价。用户的购买能力主要体现在两个方面。

第 2 章 产品实战方法论

➢ 经济上的购买能力。

如果目标用户的收入不能用于购买我们的产品,当产品推向市场后,团队便会在转化上面临很多困难。

例如,笔者的朋友是做女士中端运动装的,单价在 150 元以上,团队最初采用 1 元买面膜的策略来拉新,他们认为面膜与女士运动装的目标用户是相同的。但是,当把 1 元买面膜的用户转化去购买女士运动装时,效果远不如预期。

➢ 支付意愿。

影响支付意愿的因素之一是价格的合理程度,当价格合理且用户具有购买能力时,支付意愿能直接反映用户对产品的需求程度,支付意愿越强,意味着需求被解决得越好。

3)目的 3:让用户能触达我们的产品

在零售营销中有一个经典理论——HBG 理论(在 *How Brands Grow* 一书中提出),该理论分析了传统品牌增长的一个要素是用户"买得到",典型的例子是可口可乐,无论是在交通便利的都市还是在较为偏远的村庄,无论是在高端的酒店还是在位于某个角落的零售柜,用户都能买得到。

可口可乐的目标用户是全世界的人,而我们可以考虑目标用户可能在哪些场景触达我们的产品,列出这些场景,并想办法将我们的产品嵌入这些场景。

2. 确定目标用户的步骤

1)第 1 步:锁定目标用户

目标用户是已经有需求的个体,我们可以锁定以下 3 类目标用户。

➢ 使用过竞品的用户。

从直接竞争对手或间接竞争对手处挖掘目标用户的准确度较高,这些用户的需求已经得到了验证，而且在长期使用竞品的过程中，用户的使用习惯被强化、认知被培养。用此方法锁定目标用户的效率较高。

> 具备使用能力的用户。

可以考虑哪些用户有能力使用我们的产品。

例如，我们要给某电器品牌的维修团队提供一个工单系统，以提高线下报修和维修的效率，那么维修师傅就需要使用该工单系统抢单、履约维修。假如他们以前没有使用过类似的工具，我们就要重点考虑这些维修师傅是否有能力操作该工单系统。

> 将来有可能使用产品的用户。

用户会随着时间的推移而成长，可能在未来的某个阶段成为我们的目标用户。例如，很多人在成家后，消费习惯会发生变化，转变为实用型消费者。

2）第 2 步：基础用户画像假设

> 基础信息。

基础信息如表 2-1 所示。

表 2-1 基础信息

年龄区间	提炼用户使用软件的能力，年龄太大或太小的用户使用软件的能力可能较弱
收入区间	提炼用户的支付能力
所在地区	提炼用户偏好、购物习惯等特征
教育背景	获取用户的教育背景。受教育程度越高，对新鲜事物的接受程度、理解能力可能越高
婚育情况	包括未婚、即将结婚、已婚未育、已婚已育等，不同婚育状况的用户的消费偏好不同

> 行为与目标。

创建用户画像时可以把用户的主要行为列出来，分析行为与要达成的目标之间的差距，以判断用户达成目标的可能性。用户行为与目标如表 2-2 所示。

第 2 章 产品实战方法论

表 2-2 用户行为与目标

行为	目标
喝咖啡	为了缓解项目交付日期紧张的压力,喝咖啡后,目标达成了吗
努力工作	为了买一辆好车,努力工作后,距买车的时间是否缩短
健身	为了变健康,健身后,身体状况是否变好

3）第 3 步：验证假设

结合用户信息给出假设，可以通过用户调研的形式验证假设是否成立，这样验证的优点是快速且成本较低、缺点是覆盖的样本较少，得到的结果可能存在偏差。如果产品已经上线运营并积累了一定的用户数据或交易数据，则可以结合数据来验证假设是否成立，该方法的准确度较高。这里以奢侈品电商平台为例，提出 4 个假设。

假设与验证结论如表 2-3 所示。验证假设的目的是给用户画像纠偏。表 2-3 中的 4 个假设分别对应年龄区间、教育背景、收入区间、婚育情况，在得到验证结论后，就能知道产品迭代方向了。

表 2-3 假设与验证结论

假设	验证结论
23~30 岁的用户更愿意购买奢侈品	年轻用户群体是奢侈品消费的主力军
70%购买奢侈品的用户是本科以上学历	受教育程度较高的用户更能接受在线购买奢侈品
70%购买奢侈品的用户集中在北京市和深圳市	在群体收入较高的地区,用户在线购买奢侈品的意愿更强
20%的用户已婚,其中 10%的用户已育	已婚已育用户不是在线购买奢侈品的主要力量

总结

本节先找到确定目标用户的 3 个目的，再通过 3 个步骤来确定目标用户。无论面对的是一个完整的产品，还是一个小的功能点，我们都需要确定目标用户，设计出能解决他们的问题、与他们的使用能力匹配的产品。

2.1.2 步骤 2：验证需求的合理性

1. 需求被解决的 3 种程度

验证需求的合理性是为了确定产品要达到的完整度，高完整度意味着高成本结构。要想知道用户是否需要高完整度的产品，得先了解其需求被解决的程度。

1）基本解决

产品只能满足用户的最低需求。

例如，用户对某个音乐类 App 的最低需求是"听"，因此，App 不提供下载音频文件和查看歌词的功能，也不影响用户的最低需求。

2）完美解决

产品能满足用户的全部需求，这种状态比较理想，用户对产品的所有预期都能实现。

在线购物 App 的商品齐全、物美价廉，物流又快又准时，在追求完美解决的基础上，产品还可以追求溢出更多惊喜给用户。

3）没有解决

一般在解决用户的额外需求时会出现该情况，有时用户会对产品的核心功能提出额外需求。当产品不能解决用户需求时，可以通过转移用户需求来达到目的。

对于一个下载电影的 App，用户想在 3 秒内下载完 1GB 的电影，在该需求无法解决时，可以提供边下载边看的功能，或提供一个小游戏，使用户在等待下载的过程中不会觉得无聊。

第 2 章　产品实战方法论

2. 验证需求合理性的方法

需求合理意味着用户愿意接受客观事实和他们选择的解决方案，合理是有限制的，限制体现在场景中。对于相同的需求来说，不同的场景导致用户选择的解决方案不同，我们认为用户选择的解决方案是最优解，场景、用户需求和最优解的关系如图 2-1 所示。

图 2-1　场景、用户需求和最优解的关系

1）场景

这里不考虑场景的向外发散，而是考虑其向内收缩以划定边界。因此，场景对于用户和产品来说，都是一种约束条件，划定了用户行为的边界和产品延展的边界。

这种约束条件怎么起作用呢？例如，地图类 App 开放了查询目的地和交通状况、导航等功能，其约束条件是产品提供的服务只能与解决交通问题有关。无论是查询逛街地点还是导航到医院，无论是在变动的室外查询，还是在不动的室内查询，约束条件都要与地图有关。

我们要围绕约束条件，列出尽量多的使用场景，检验用户在这些场景中使用产品时，对自己行为的认知是否一致。这是为了确保我们提供的产品所带来的体验是稳定的，否则用户场景稍微变一下，我们的产品就不匹配需求了。

在已经确定的几个主要场景中，我们挑选出用户体量最大且与产品目标一致的场景，将该场景的用户路径规划清晰，以提高用户识别场景的效率。

2）用户需求

在一个确定的场景中，用户需求一般由多个子需求构成，这些子需求的紧急程度、解决顺序不同，用户通常优先解决收益最高的需求。我们在设计产品时，也要优先考虑实现与该需求最相关的功能。

3）寻找最优解

当用户在约束条件下寻找匹配自身需求的最优解时，可能并不考虑最省钱和最省时的，因为用户的生理限制和心理限制会对最优解产生影响。

生理限制由人的身体器官产生，如视觉、听觉、味觉等带来的限制。如果用户要购买苹果，当血糖高的用户看见红彤彤的苹果时，大脑可能产生这些苹果太甜不能选的信息，那些较小和不太红的苹果就成了他们的最优解。

心理限制由用户的心理诉求产生，在自尊心、安全感、归属感、好奇心、自我实现等不同的感情起作用时，用户的最优解也会发生变化。

锚定效应也会在用户寻找最优解的过程中起作用，用户一般会优先选择熟悉的事物，最后选出的方案会更接近用户给自己设定的锚。因此，产品在不确定用户的偏好时，会给一个折中的参考，如某些功能有默认值，这就是锚定效应的应用。

> **结论**
>
> 用户对其需求被解决的程度有 3 种要求，产品经理需要根据不同的程度要求来设定产品方案。可以通过验证需求的合理性来确定所选用的产品方案。验证需求的合理性需要考虑场景、用户需求和寻找最优解的规则，产品需要在场景中为用户提供适合他们的解决方案，并保证产品目标与用户目标一致。

2.1.3 步骤3：保证需求的确定性

1. 需求确定性的4个特征

1）特征1：该问题影响着很多人

该特征体现了需求的"普适度"，普适度越高，意味着覆盖的用户越多，则需求越确定。另外，有些需求是暂时产生的，这种需求不具备确定性。

2）特征 2：该问题需要马上得到解决

该特征体现了需求的"迫切度"，迫切度越高，越能体现需求的确定性。

3）特征 3：该问题频繁出现

该特征体现了用户需求的"频次"。如果该问题频繁出现，则用户需要频繁使用产品来解决问题，"高频"是需求成立条件之一。但是对于一些特殊场景，不能用频次来判断需求的确定性，如购房、结婚、高考等。

4）特征 4：用户愿意花更多的钱购买产品

该特征体现了需求是否为"刚需"，如果是刚需，则意味着用户为了解决问题可能愿意花更多的钱购买我们的产品。在复杂的商业场景中会考虑"用户愿意花钱"的逻辑。例如，在最火的短视频 App 中，用户愿意花钱购买别人的视频来看吗？虽然 C 端用户的付费意愿低，但是对于 B 端的广告商来说，只要 C 端用户足够多且广告能实现精准推送，B 端用户就愿意付费。

2. 用户访谈的 5 个规则

用户访谈技巧如图 2-2 所示。

图 2-2　用户访谈技巧

1）获取访谈对象的信任很重要

如果不能消除访谈对象的防备心理，他们给出的信息的准确度就会很低。在访谈前给出清晰的目的、流程、所需时间、补偿方案，有助于获取用户信任。

2）观察比问答重要

应该把注意力放在观察用户的输出上，如果用户有演示的内容，可以重点观察用户是怎么使用产品来解决问题的；如果没有，则可以重点观察用户的肢体语言，探索用户的真实感受。当在访谈过程中出现矛盾时，产品经理不能纠正或打断，让用户继续讲下去才能获取不失真的信息。

3）向访谈对象提问而不是质疑

在访谈过程中，如果用户表现出超预期的行为，可以礼貌地询问原因而不是质疑对方的动机。质疑可能会影响访谈氛围，从而使话题偏离重点。

4）及时向用户反馈

在倾听的过程中，访谈者需要及时做出"我收到了，并且在听"的反馈，但不要有表现肯定或否定的行为。

5）充分提取访谈信息

除了提取产品经理认为重要的信息，还可以将用户多次提到的信息提取并标记出来，这些信息可能是用户很关心或印象深刻的内容。

3. 竞品分析

竞品分析的目的，不是通过竞品来验证用户的需求是否成立，因为竞品体验不完整、在市场上出现的时机不对等可能导致出现用户需求不成立的假象。

竞品分析的3个目的如图2-3所示。

1）目的1：了解口碑

通过收集应用市场评价、社交媒体评价等信息，了解竞品的口碑，从而判断用户需求被解决的程度，并分析可以发力的突破口。

2）目的2：学习优点

在学习竞品优点前需要定义清楚哪些算优点，优点需要具备以下3个特征。

- 做得比较好的内容。
- 显著改善用户体验的内容。
- 显著提高收益的内容。

图 2-3　竞品分析的 3 个目的

例如，我们要做二手奢侈品电商平台，竞品 A 上的奢侈品都有专业团队出具的正品鉴定书，用户能放心购买，这样的服务内容能显著提高用户体验和收益，是我们需要学习的优点。

在学习优点的同时也要找到竞品的缺点，从而避免在我们的产品中出现类似的缺点。那些会降低用户体验和对收益有负面影响的内容都可以算缺点。

3）目的3：发现机会

再优秀的产品也不能完美解决用户的所有问题，没有得到完美解决的问题就是我们的机会。

> 💡**总结**
> 在确定需求阶段,产品经理应从需求普适度、迫切度、频次和是否为刚需 4 个角度出发,通过有效的用户访谈和竞品分析来完善需求描述,以准确找出用户的真实需求。

2.1.4 步骤 4:设计功能

在设计功能之前可以先进行路径规划,形成一张用户旅程地图,该地图体现的是我们希望用户使用产品的路径。例如,用户从下载软件开始,沿着一条主路径使用软件,他可能会满意于软件的流畅而继续使用下去,也可能因反感某个限制规则而不再使用。用户旅程地图如图 2-4 所示。

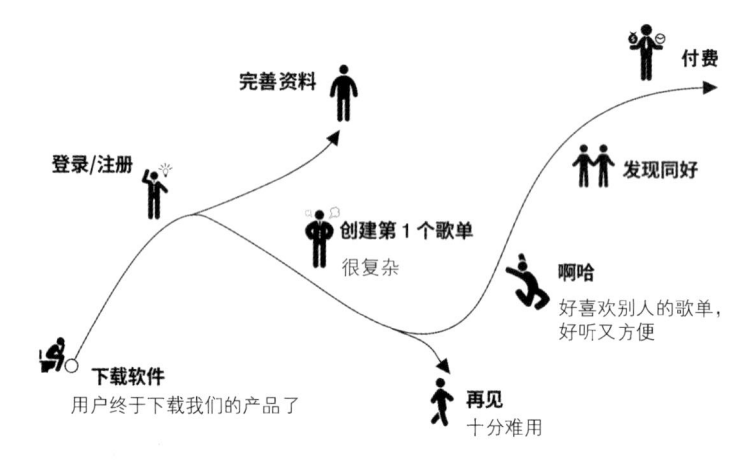

图 2-4 用户旅程地图

根据路径地图的走势,可以重新设计某条路径上的用户峰终体验(源于心理学家丹尼尔·卡纳曼提出的"峰终定律",指如果在一段体验的高峰和结尾,你的感受是愉悦的,那么你对整个体验的感受就是愉悦的)。

接着开始搭建产品框架,可以先整理出前台的功能框架,因为用户需求是由前台的业务和交互兑现的。以音乐类 App 为例,搭建产品框架如图 2-5 所示。

第 2 章　产品实战方法论

产品框架搭建的粒度可以粗一些，不需要关注交互细节，避免把精力分散到讨论技术实现或页面布局等方面。在设计功能框架时，可以同时考虑前台和后台，避免功能脱节。

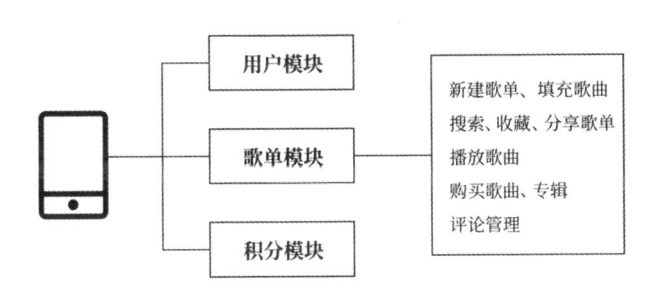

图 2-5　搭建产品框架

最后要填充细节，产品经理要输出原型和 PRD 说明文档，原型的细致程度示例如图 2-6 所示，该案例是用 Axure 画的，体现的是用户的歌单列表，以及新建歌单和搜索歌曲的功能。

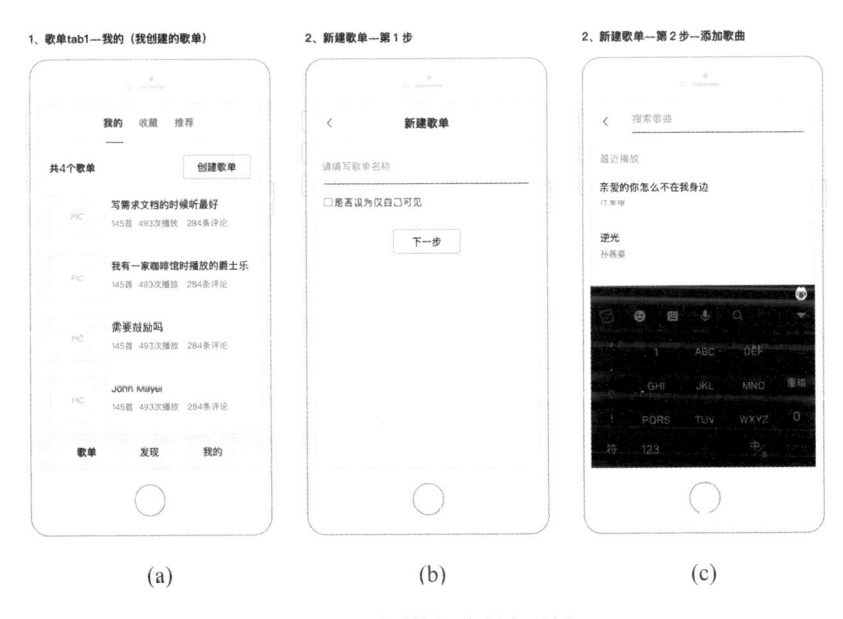

图 2-6　原型的细致程度示例

在刻画原型细节时，单原型页面至少要包含 3 层内容，每层的细节如下。

1）第 1 层：结构层

结构层考虑的单页面从顶部的导航条到底部的整体布局，需要按顺序罗列功能。在图 2-6(a)中，顶部导航是 3 个 tab（标签），中间是歌单列表，底部是一级导航条。结构层可以帮助产品经理搞清楚每个区块中的内容和功能有哪些，以及区块的尺寸、位置和内容格式要求。

2）第 2 层：视觉层

本层考虑的是展示细节，既要考虑优化用户体验，又要考虑满足商业诉求。视觉层重点关注的 7 个要素如表 2-4 所示。

表 2-4　视觉层重点关注的 7 个要素

要素	定义	视觉规则
组件、插件	将单条信息归为组件，如一条单独横向滚动的通知	区域大小、字数区间、时间格式、最小可操作热区等
排序、分页	列表类的内容如何排序、如何分页	按指定规则排序，可通过上下滑动或点击翻页按钮翻页，每页 x 条数据
默认状态	边缘情况，如当图片没有加载出来时显示什么	默认图片、默认字数区间、默认颜色状态等
常规状态	通常指在没有进行任何操作时的状态	在理想状态下展示的内容
操作后的状态	用户操作后带来的状态变化	数量、颜色、大小等变化
失效状态	在组件过期或用户无操作权限时的状态	明确提示状态
缓存	缓存用户在上次访问时下载的数据	缓存条数、缓存大小，以及缓存清理方式（自动、定期、手动）

3）第 3 层：逻辑层

逻辑层需要考虑的规则较多，用户交互越频繁，需要的规则越多。逻辑层体现组件与组件、页面与组件、页面与页面之间交互的逻辑。逻辑层需要考虑的 3 个因素如表 2-5 所示。

表 2-5　逻辑层需要考虑的 3 个因素

因素	定义	规则
通信规则	组件之间相互作用的规则	出现顺序、操作后的数据传输等，如点击用户昵称附近的"关注"按钮，可以把用户添加到关注列表等通信规则
生命周期	组件展示的有效时间	从出现到消失的时间规则，也有可能不需要消失，如手动取消关注某个用户后，该用户从关注列表中消失等
数据埋点	对页面或组件进行浏览、点击的统计	根据统计目标设定，如统计发布动态按钮的点击次数等

> **总结**
>
> 产品功能设计可以通过演绎法展开，要想保证演绎不偏离产品方向，就需要在产品功能分类明确的前提下展开，否则演绎出来的规划不一定与大方向一致。在设计产品方案时，产品的功能主要包括基础设施功能、核心功能和业务线功能，产品经理可以先绘制用户旅程地图，基于地图搭建产品框架，再补充细节，从而完成产品的功能设计。

2.1.5　步骤 5：产品方案自查

1. 逻辑完整度

1）登录与不登录

要考虑是否在登录后才能使用功能。以音乐类 App 为例，登录与不登录的优点和缺点如表 2-6 所示。

表 2-6　登录与不登录的优点和缺点

	优点	缺点
登录	用户登录后创建的歌单直接与用户账号绑定。即使用户切换设备、重装 App，只要登录用户账号，用户创建的歌单就能显示出来	增加了登录流程，可能导致部分用户放弃创建歌单
不登录	使用流程简化，不需要登录就能创建歌单，但功能上要增加 2 个逻辑，一是用户创建的歌单要存在本地数据库，适当引导用户登录；二是如果用户登录，就需要把本地数据库的歌单同步至登录后的账户	数据容易丢失，当用户切换设备或重装 App 时，原本已经创建的歌单可能因为没有登录而丢失

2）会员与非会员

会员与非会员的区别在于使用特权的限制不同。例如，视频类产品的会员能观看大部分内容，只有小部分需要额外付费，而非会员只能观看小部分免费内容。会员功能的逻辑相对简单，只需要在用户登录后区分身份，再根据身份展示不同的内容和开放不同的使用权限。

3）刷新逻辑

➢ 自动刷新。

当用户进入 App 或进入一个新页面时，为其展示最新内容；当用户停留在页面上不进行任何操作时，如果内容有更新，也要自动刷新内容。

➢ 手动刷新。

App 中常见的手动刷新方式是下拉刷新，可以刷新整个页面，也可以只刷新部分内容。例如，社区功能中推荐关注的用户列表附近有"换一批"按钮，点击该按钮后只刷新推荐关注的用户列表区域。

➢ 不刷新。

在某些场景中，不刷新是为了保留用户体验和防止数据丢失。例如，在线教育类 App 的用户在观看课程时点击导师头像进入新页面，回到观看界面时页面不刷新，依然停留在上次观看的地方，以保证体验的延续性。

4）排序逻辑

➢ 按时间：将最新发布的动态排在前面。

➢ 按热度：需要先定义好"热度"规则，如点赞数越多，热度越高。

➢ 按权重：按权重排序较为复杂，相同的商品对于不同用户来说，有不同的权重，权重决定了商品的显示位置、显示频次，即按照个性化推荐排序。

这里介绍一个简单的排序逻辑（评论列表的排序）。

第一，对于评论列表来说，评论被其他用户认同的程度很重要。因此，评论被点赞、回复得越多，我们就认为该评论的价值越高，其应该排在前面。

第二，我们知道，越靠前的评论内容，越有可能获得更多曝光，这就导致了靠前的内容永远靠前，其他质量好的新内容难以得到展示，为了解决这个问题，权重需要引入时间的概念。

第三，时间的作用是保证更新的、有价值的评论往前排。因此，随着时间的推移，排在前面的旧评论的权重会变小。

在梳理清楚上述逻辑后，我们定义以下权重计算公式。

设被点赞行为的权重系数为 a，被回复行为的权重系数为 b，则简单的权重计算公式为 $f(x) = \dfrac{a \times 点赞数 + b \times 回复数}{h}$，其中 h 表示发布时间。

5）按钮和控件状态

按钮容易理解，控件指不同形式的内容区域。产品逻辑至少要考虑以下 4 种状态。

➢ 状态 1：默认。

默认状态是根据用户权限展现的未操作状态。

对于付费电子书 App，会员用户查看某本电子书的详情时，按钮的默认状态是"阅读"，而对于非会员用户来说，按钮的默认状态可能是"开通会员免费读"。

除此之外，默认状态还由内容决定。

电商 App 商品详情页面底部按钮的默认状态为"立即购买"，当商品下架或库存为 0 件时，按钮的默认状态变为"已售罄"。

➢ 状态 2：触发时。

当用户按下按钮时，在一些应用场景中，需要调整按钮样式和文案，以使用户了解操作进度。

聊天软件的发送语音按钮默认显示"按住说话",当用户按住后,页面便会弹出录制音频的气泡框,显示用户正在录音。

> 状态 3:触发后。

在用户操作后,需要告诉用户已经操作过了。不过,在一些场景中,一个按钮可以多次操作。

对于限制次数的抽奖活动,每个用户有两次抽奖机会,第 1 次抽奖时按钮上的提示文案是"抽 x 元红包",第 2 次抽奖时文案变成"再试一次",用户抽完后按钮进入失效状态。

> 状态 4:失效。

失效意味着按钮不能操作,主要由两种情况导致:第 1 种情况是用户身份受限,如非会员用户看见的按钮是灰色且不可点击的;第 2 种情况是受系统自身规则的限制,如某些电商 App 有商品限时抢购活动,在活动未开始时,参加活动的商品"抢购"按钮是失效的,用户无法点击。

6)离线数据

产品都需要考虑离线数据逻辑,把用户最近浏览的内容缓存到本地,保证用户在网络不畅时也能浏览内容,以节省用户流量和保障服务器性能。同时,当用户再次上线时,也要将其在离线状态下产生的内容同步到线上。

有缓存功能就要提供清除机制,常见的清除机制包括手动清除和自动清除,自动清除可以设为定时或定量清除。

2. 功能的可持续发展

1)容错能力

中台思想被广泛应用所带来的启发是在设计功能时就要把容错性做好,如可以将数据统计、积分商城、优惠券系统等功能设计为能被不同的业务随时引用的形式，以尽量适配更多需求，也使其他业务能在便捷地进行微调后使用。容错性越强，其可持续性越好，这是一个功能可以实现可持续发展的特征之一。

2）积累竞争优势

该功能随着时间的推移而逐渐发展，在未来的某个可预测的时刻，能带来某些方面的竞争优势。

例如，对于笔记内容类 App 来说，产品逻辑和技术开发基本没有难度，但用户积累的笔记却是很宝贵的资源。当产品中有需要时间积累才能体现出优势的功能需要设计时，可以在产品基建做好后就开始规划，如用户积分、等级体系等功能。

3）持续创造利润

此类功能是能持续创造利润的，也许不能在投入之初就产生利润，但存在巨大潜能。符合 U 形曲线的利润发展趋势如图 2-7 所示，在开始的一段时间内利润为负，这段时间是团队的投入期，在某个时间节点后利润变为正，并持续升高。

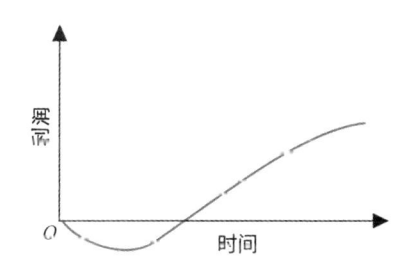

图 2-7　符合 U 形曲线的利润发展趋势

从降低成本的角度来看，产品经理要重点警惕那种持续下去会消耗更多团队资源却不产生收益的功能，如果这些功能不影响业务的主营收，则可以考虑将其淘汰。

> **总结**
>
> 在产品设计完成后,需要考虑其功能是否能解决用户需求,可以通过 6 个要素来检验功能的逻辑完整度。设计好的功能要具备容错能力、能够积累竞争优势和持续创造利润。

2.2 提高产品价值的 3 个步骤

2.2.1 步骤 1:确定产品目标

确定目标的作用是为产品开发提供方向,目标明确才能提高团队的整体效益,使大家不偏离方向。

在确定目标时,比较科学的方法是采用 SMART 原则(由管理专家彼得·德鲁克在《管理的实践》一书中提出)。SMART 原则包含 5 个权重相等的要素。

> ➢ S=Specific,明确的。

明确的目标需要包含时间、对象和结果预期。例如,可以将"提高收益"这个目标明确为"提高电商 App 母婴产品的交易额,2023 年 7 月要实现盈亏平衡"。

> ➢ M=Measurable,可量化的。

可量化指能用准确的数字描述出来。例如,收益提升多少、新用户增加多少个、老用户召回多少个。可以将"盈亏平衡"这个目标量化为"交易额达到 1000 万元"。

> ➢ A=Attainable,可实现的。

目标不能脱离实际,要避免带有不确定因素。例如,某个团队在没有拍卖资质的情况下，确定了在产品中加入网络拍卖功能的目标，该目标就带有不确定因素。

> R=Relevant，有价值的。

我们追求的是结果而非过程。例如，目标是实现 1000 万元营收，无论是通过三级分销发展达成，还是通过异业合作达成，都不影响结果，只要方法是良性健康的即可。

> T=Time-bound，有时限的。

目标要有具体的完成时间，否则不利于掌握目标的完成进度。

> **总结**
> 确定产品目标才能提高团队效益，保证产品的价值方向正确。可以采用 SMART 原则来确定目标，目标应是明确的、可量化的、可实现的、有价值的、有时限的。

2.2.2 步骤 2：规划产品方案

1. 实现短期目标的方案

实现短期目标的方案具有以下 3 个特征。

1）特征 1：以产品驱动为主

可以通过修改产品规则、提高功能的响应速度来优化使用体验。例如，在活动期间，产品目标是保证用户访问内容的速度不受影响，于是可以采用增加服务器数量的方案。

2）特征 2：解决单一业务问题

可以基于已有的功能框架，通过新开发一些小功能来实现目标。例如，公司在周年庆期间，要提高会员卡的销售转化率，解决方案有以下 3 种。

- 加大会员购物的优惠力度。
- 会员双倍积分。
- 在下单后，会员抽奖成功的概率提高为 70%。

3）特征3：开发周期短

实现短期目标的方案的开发周期短。例如，为了提高产品的用户黏性，可以开发社区功能或开发一个养花签到的小游戏，与前者相比，后者的开发周期较短，在短期内，开发一个养花签到的小游戏更能实现提高用户黏性的目标。

2. 实现长远目标的方案

我们对长远目标的期待是，在未来的某个时间点，能带来收益或规避某些风险，此类目标要求其方案具有连贯性且能实现完整闭环。此类目标是战略性的，下面从服务和产品的角度理解如何设计此类方案。

1）角度1：服务

在确定产品目标后，应考虑我们可以为用户提供什么样的服务，按照服务内容与用户需求的距离，可以将服务分为核心服务和互补服务。

- 核心服务。

核心服务的服务内容离用户需求最近。

例如，一些家庭主妇长期居家，缺乏多元化社交，导致心理积郁和缺乏成就感，此类问题是无法在短期内得到解决的。最直接的方案是给用户提供线上课程和线下聚会服务，该服务是离用户需求最近的。

核心服务应能直接解决用户需求，不限于形式，产品经理要把关注点始终放在解决用户的问题上。

- 互补服务。

互补服务是在核心服务的基础上衍生出来的，在核心服务没有发展到一定程度时，互补服务不适合出现。

例如，如果我们刚投入提供心理课程的服务，用户增速还很小，此时产品提供对接心理医生的服务就不合适，对接心理医生对于我们的产品来说，属于互补服务。

当核心服务发展不成熟时，产品经理把关注点投入互补服务可能导致资源分散，无法使核心服务出彩。因此，一般在核心服务成熟后，才提供互补服务。

2）角度2：产品

产品包括有形产品和无形产品。

> 有形产品。

有形产品是用户实际能摸得着、看得见的产品，如一本纸质书或一次上门清洗空调的服务等。面对有形产品，实现长远目标的方案需要考虑产品在从开始生产到实际交付的整条链路上的效率和成本问题，即产品不仅要解决用户问题，还要追求全流程效率优化。

> 无形产品。

无形产品是非实物且不易变质，如心理咨询课程等。此类产品的优点是只要一次定量投入生产，就可以不受时间和数量的限制，一直售卖下去。用无形产品实现长远目标时需要关心内容的质量和时效，特别要避免产品在短期内过时的情况。

> **总结**
> 在确定产品目标后，我们要判断该目标是短期目标还是长远目标，不同的目标有不同的实现方案。实现短期目标的方案有3个特征，分别是以产品驱动为主、解决单一业务问题和开发周期短；实现长远目标的方案在短期内是无法见效的，可以从服务和产品的角度理解如何设计方案，从服务的角度要考虑核心服务和互补服务，从产品的角度要考虑有形产品和无形产品。

2.2.3 步骤3：设定衡量指标

在产品方案上线后，需要判断其对产品价值的提升作用，如何设定有效的衡量指标呢？笔者受 Christensen 先生的《创新的用途理论》一书的启发，将自己的方法论做了迭代，得出了设定衡量指标的 4 个维度，具体如下。

1）刺激用户增长

用户增长要区分新用户和老用户。新用户增长主要关注产品的触达量和转化量，如触达量可以是 App 新用户的下载转化量、注册转化量、付费转化量等；老用户增长主要关注续费转化量。

2）消除用户不满

该指标不体现业务增长，目的是打造良好的口碑，如上线新功能以减少用户的咨询量，降低投诉率、退单率等。

笔者在做某个电商产品时，其交易订单中有部分特殊的试用订单是需要退款的，由于该产品的早期版本没有把退款状态外化，导致咨询"什么时候退款"的用户有很多，后来我们添加了显示退款进度的功能，显著减少了咨询量。

3）实现利润增长

该指标用于衡量实际利润，比较直观。

4）控制或降低成本

该指标用于考核产品方案是否能控制或降低成本。不过，在控制或降低成本的功能上线后，需要保证该功能不会对现有功能的优势有影响。对于自营电商产品来说，快递和包装是成本最高的环节，随着订单量的增大，快递和包装成本不断提高，如果想通过上线"线下自提"功能来降低成本，则需要考虑该功能是否影响营收增长。

第 2 章　产品实战方法论

> **总结**
>
> 衡量指标是用于检验产品方案效果的，衡量指标的 4 个维度是刺激用户增长、消除用户不满、实现利润增长、控制或降低成本。
>
> 读者朋友在做某个产品时，首先，要确定该产品的目标；其次，根据目标规划合适的产品方案；最后，设定衡量指标，以检验产品方案是否有效。

2.3　提高使用效率的 4 个方法

2.3.1　方法 1：优化流程

用户在确定目标后，会根据目标自动生成行动脚本，脚本是由一连串可调整顺序的待办事项组成的。用户在按脚本执行任务后，会对产生的结果进行评估，如果结果不符合预期，则可以重新进入行动脚本设定环节，如此往复，直到目标达成。

用户一般会自发执行任务，对执行的流程感知不明显，只有在碰到困难时才会停下来思考该怎么继续。产品经理在优化用户的任务流程时，不仅需要考虑界面的交互流程，还需要站在更高的维度观察流程。下面介绍在不同的环节，如何优化用户的任务流程，用户任务流程的优化示例如图 2-8 所示。

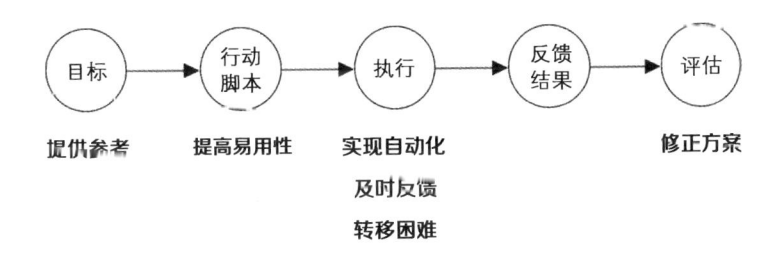

图 2-8　用户任务流程的优化示例

1. 环节1：目标

如何帮助用户快速设定他们的目标是该环节要优化的重点。常见的方案是提供新手引导，如当新用户进入 App 时，界面上先展示功能介绍的弹窗。较好的产品方案会给用户提供目标锚点，如对于文档管理、商城等工具类产品，在新用户进入时为其展示示范文档，用户可以对其进行操作，以了解功能和快速学习如何使用。

2. 环节2：行动脚本

该环节的优化目的是提高易用性，使用户能明确行动脚本，而提高易用性的主要方法是简化，这是一个巨大的挑战。简化就不可避免地要删除多余的功能，对于用户来说，这意味着他们花同样的钱买到的东西变少了。我们总是带着一个不易察觉的认知，认为"复杂=性能好"，所以简化的产品会让用户觉得其性能差。因此，在实际提高易用性的过程中，删减功能的决策很难落地，产品经理常用的策略是将任务模块化。

以直播带货功能为例，说明如何将任务模块化。

我们先来看原始方案，原始的直播带货流程如图 2-9 所示，用户需要按照步骤操作才能开始直播。从产品经理的视角来看，该流程是清晰的；但从用户的视角来看，其易用性和灵活度都不高。

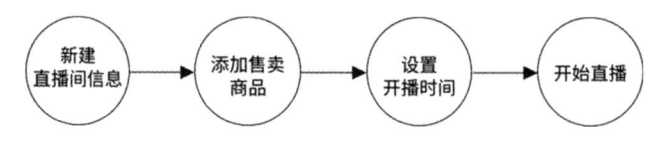

图 2-9　原始的直播带货流程

我们可以通过将任务模块化来优化脚本，优化的直播带货流程如图 2-10 所示。我们将直播间管理的行动脚本模块化为任务 1，将商品管理的行动脚本模块化为任务 2。我们将直播间管理和商品管理拆分再组合，用户不需要在任务之间来回穿插。

实际上，将任务模块化是符合人类对结构的认知习惯的，我们在识别事物时，习惯把事物分成模块来识别和记忆，如地理位置的远近、体积的大小、颜色的深浅等。模块化的任务便于用户理解，也能提高他们完成任务的效率。

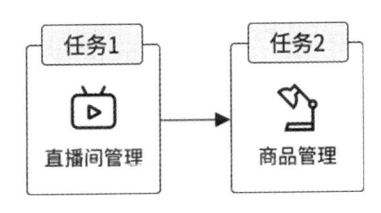

图 2-10　优化的直播带货流程

3. 环节 3：执行

可以通过以下 3 种方法来优化该环节。

➢ 实现自动化。

实现自动化指用户需要执行的内容由系统自动执行。例如，输入手机验证码的功能由手动输入变为在收到验证码后自动将其显示在键盘上方，用户点击验证码便可实现自动填入和自动匹配。

➢ 及时反馈。

及时向用户反馈进度和所取得的结果，避免后续操作偏离目标，及时反馈的信息可能成为用户做下一步决策的重要参考。

➢ 转移困难。

转移困难的一个很好的例子是语音输入，以前 App 上的搜索输入框只能输入文字，在窄小的屏幕上输入文字费时费力；如今，语音输入转移了文字输入的困难，用户按下录制按钮便能输入文字，在放开按钮后系统就能进行搜索。

4. 环节 4：反馈结果

反馈结果的时机需要根据业务确定。一些业务需要实时反馈操作进度，如在上传文件时，告知用户当前完成的百分比；一些业务只需要在完成时告知用户结果，如在用户获得的积分实际发放到账户后才告知用户。

5. 环节5：评估

用户会评估结果与预期的差异，我们无法猜到用户的心理预期，但如果用户接受了产品给出的预期，则产品兑现给用户的结果需要与预期匹配。例如，当用户在电商 App 上下单时，会显示订单的预计送达时间，如果该时间与实际送达时间有较大差异，会影响用户体验。

结果与预期要匹配的例子有很多，产品的功能都是在用结果试探用户的预期，如果用户反馈良好，则证明功能有效。

当用户得到的结果与预期不符时，产品最好给用户提供"一键重来"的修正方案。例如，软件提供了修改快捷键功能，如果用户在保存修改的方案后发现结果不如预期，则可以点击"恢复默认"，一键修正方案。

> **总结**
> 在通过优化流程提高用户的使用效率时，需要考虑目标、行动脚本、执行、反馈结果、评估5个环节。在目标环节，产品的优化方向是帮助用户设定目标；在行动脚本环节，产品的优化方向是通过将任务模块化来提高产品的易用性；在执行环节，产品的优化方向是通过实现自动化、及时反馈和转移困难来提高用户的执行效率；在反馈结果环节，产品的优化方向是根据业务要求，在合适的时机向用户反馈客观真实的结果；在评估环节，产品的优化方向是提供可修正结果的产品方案。

2.3.2 方法2：遵从用户的使用习惯

在提高用户使用效率的方法中，成本最低的就是遵从用户的使用习惯，权威的心理学家对人类日常行为是源于习惯还是非习惯进行了研究，结论是人类的行为有95%源于习惯，只有5%不是由习惯促成的。该结论足以表明产品经理遵从用户使用习惯的必要性。

产品经理容易掉入的一个陷阱是"创新",即为了强调不同而去改变人们熟知的布局或交互习惯。例如,笔者合作过的一个团队要求 App 的功能结构不能和竞品一样,这并不是什么好事。我们在前面讲锁定目标用户时,其中一类就是使用过竞品的用户,当目标用户接触我们的产品时,发现功能的交互是陌生的,可能会影响他们继续使用的意愿。

当用户处在不熟悉的领域时,即使有非理性的行为产生,他们也能及时调整行为,以适应新的局面,而调整行为的参考素材,便是人们的习惯。那么,在设计遵从用户使用习惯的方案时,应该参考什么标准呢?

答案是参考行业标准。各行业标准在被制定和经过长时间的推广后,已经被强化为人们的习惯了。因此,在设计方案时,行业标准能帮我们降低用户学习门槛,使用户能快速上手使用核心功能。

> **结论**
> 当我们对产品的设计遵从用户的使用习惯时,用户便能按照自己的经验完成任务,不需要停下来进行大量思考,从而提高了用户的使用效率。

2.3.3 方法3:构建清晰的任务路径

一些产品团队要求功能满足 01 法则,0 代表用户面对功能时无须思考,1 代表用户面对功能时一看就会。产品经理在考虑如何构建清晰的任务路径时,可以从以下思路出发。

1. 思路1:减少选项

有研究发现,人类的大脑在完成复杂的认知任务后,做正确决策的意志力就减弱了。因此,在完成任务的互动中,如果用户完成任务需要耗费大量精力,则越往后,人的意志力被消耗得越多,导致最终无法完成任务。

笔者做过一个生鲜电商项目,发现在给用户介绍很多水果组合时,用户做下单决策所用的时间较长;而在推荐单品时,用户做下单决策所用的时间较短。因此,清晰的任务路径意味着减少用户的选择,选择越多,用户就需要消耗越多精力，无法保证用户能完整地走完功能。

2. 思路2：保持任务路径闭合

我们应保持任务路径闭合。例如，在用户完成 A 任务的过程中，尽量不要穿插 B 任务，并使 A 任务是能够在一条路径上做完且有结果的。如果 A 任务有延续任务，则需要在完成 A 任务后再把延续任务交给用户。

保持任务路径闭合的目的，是确保用户将认知资源集中在重要任务上，避免将本就稀缺的认知资源分散到其他任务上。在产品功能上，要保证在用户完成任务时的流程的连贯性，如果用户切换任务，要保证旧任务数据被同步保存，当用户切换回旧任务时，能够继续执行下去。

> **总结**
> 构建清晰任务路径的思路包含减少选项和保持任务路径闭合，这两个思路都能帮助用户将认知资源集中在重要任务上，避免意志力消耗，从而提高用户完成任务的效率。

2.3.4 方法4：统一产品的交互逻辑

统一产品的交互逻辑有利于用户在使用过程中轻易识别和预测功能规则。用户一般会按照自己经验中的行为模式行动，统一产品的交互逻辑就要将用户的行为模式构建好。在统一产品的交互逻辑时，有 3 个要素需要考虑，具体如下。

1. 结构稳定

一是要保证功能结构稳定。例如，在用户登录前，App 底部有 4 个主要的导航入口；在用户登录后，即使页面有变化，这 4 个主要导航入口的位置和顺序也不发生变化。

二是要保证页面数量稳定，使用户在多次使用时涉及的页面数量不变，随意变动会使用户担心自己是否真的完成了任务，或者是否有损失。

2. 页面完整

用户任务主要包括正常任务、临时任务和警告任务，这 3 种任务会嵌套出现。例如，当用户在跨境电商 App 上购物时，下单支付是正常任务、提醒实名认证是警告任务、进行实名认证是临时任务。在统一产品的交互逻辑时，产品方案需要同时考虑这 3 种任务涉及的页面，即使有些页面出现的概率很小，也可以通过统一页面分布来提高用户对功能的预判能力，便于用户提前做好准备。

3. 组件统一

组件在功能中会反复出现，保持组件统一能让用户轻易识别功能，还能降低开发成本。

> **总结**
> 统一产品的交互逻辑应先确定用户目标和产品目标，如果产品目标让步于用户目标，则按照用户目标设计交互逻辑。在统一产品的交互逻辑时，需要考虑结构稳定、页面完整、组件统一 3 个要素。

2.4 好产品需要包容用户情绪

2.4.1 情绪对行为的影响

情绪能在较短时间内影响用户的行为，比较流行的观点是"情绪是人的操作系统"。

人需要经过十余年才能成年，在这个漫长的过程中，我们与他人的互动会体现我们是否能够被关爱、被看见。如果一个人在成长过程中总是被忽视，则可能产生根深蒂固的自卑感。很多优秀的人都有一个特征——自信，这种自信源于健康包容的家庭关系，他们在这段关系中可以随意展现自己。

而大多数人在与他人合作的过程中，特别是在比自己职级高的人面前，会呈现害怕和防御的状态，接下来，一系列动作就会在情绪的指引下出现偏差，情绪对人的影响就体现出来了。

情绪和行为是相互作用的，如图 2-11 所示。情绪可以催生行为，行为也可以改变情绪。

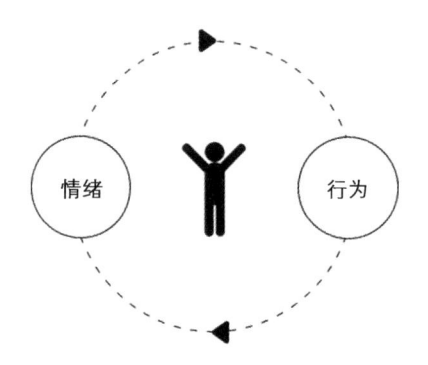

图 2-11　情绪和行为是相互作用的

当用户在登录过程中连续 3 次无法获取验证码时，可能已经产生了愤怒情绪。如果第 4 次登录成功，愤怒情绪可能会减少；如果用户登录后发现自己领到了 100 元的无门槛消费券，可能还会产生开心的情绪。

2.4.2　如何基于情绪设计产品

1. 做产品要从情绪出发

我们都希望自己的产品能够帮助更多人，使他们更幸福，这就需要基于情绪设计产品，具体可以做好以下 3 个方面。

➢ 使产品成为用户的良师益友。

我们在给用户提供产品时，相当于也提供了一份可以合作的人际关系，而人际关系往往会影响用户的情绪。受阿德勒的个体心理学启发，笔者有这样的理解：当我们使用一个友好的产品时，随着该产品对应服务的不断完善，我们会逐渐学会发现自己的优点，并建立更完整的人际关系。

> 不抛弃不放弃。

当我们的产品不能解决用户的问题时，我们该怎么帮助用户呢？一是可以做用户调研，把我们的产品做得更完美；二是向用户介绍可以解决他们的问题的竞品，这点很难做到，需要具体考虑市场环境。

卖鞋网站 Zappos 已经超过了 Amazon，成为网上卖鞋的最大网站，其创始人是美籍华人谢家华。当用户在 Zappos 买不到自己喜欢的鞋时，他们的客服人员会帮助用户推荐竞品网站上的鞋，帮助用户解决"在 Zappos 买不到喜欢的鞋的问题"。这种做法看起来流失了部分业务，提高了竞争对手的经营份额，但出发点是以顾客利益为首，能够赢得顾客的信赖。

> 包容。

前面强调过，设计产品要遵从用户的使用习惯，实际上是给用户营造熟悉感，体现了包容的思想。包容的产品允许用户犯错、允许用户按照自己的喜好定义个人界面、尽量不给用户制造问题，并能在做出变化时及时告知用户。

2. 如何利用情绪

用户 A 在工作中不开心，为了安慰自己，下班后去自己常去的奶茶店喝了一杯奶茶，于是用户实现了"开心一下"的目标。但喝着喝着，用户 A 觉得人不应该在碰到困难时选择暂时逃避，而是应该直面困难并把自己的人生过得更精彩，因此用户 A 有了新目标——今晚好好读书以提高自己的能力。类似的场景有很多，情绪往往会使用户的目标发生变化。

情绪包括正面情绪和负面情绪两种，当用户通过使用产品获得了正面情绪时，产品可以帮助用户放大正面情绪，甚至鼓励用户把此刻的美好分享给朋友；当用户具有负面情绪时，产品需要帮助用户消除他们的烦恼，推动用户走入正面情绪的区间（如图 2-12 所示），帮助他们获得愉悦感。

然而，还有一种情况：适当地让用户处在负面情绪中，有利于使用户产生更积极的行为。当用户在使用产品的过程中遇到挫折时，一般不会立刻抛弃产品，如果产品能够及时帮助用户消除困境，用户会产生自豪感，也会更愿意使用产品。

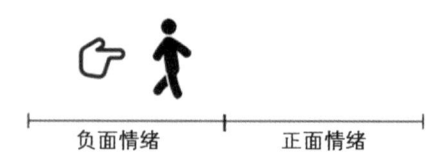

图 2-12　推动用户走入正面情绪的区间

2.4.3　福格行为模型的启示

福格行为模型是由斯坦福大学教授 BJ Fogg 提出的，该模型表明，一个行为的发生需要融合 3 个要素，分别是动机、能力、诱因，行为发生的三要素如图 2-13 所示。

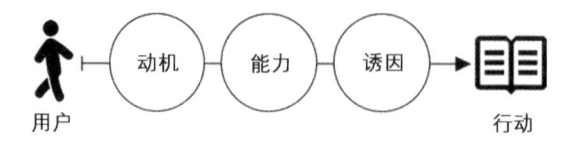

图 2-13　行为发生的三要素

1. 要素 1：动机

在每个行为背后都有一个清晰或模糊的动机，用户产生行为的核心动机包括以下 3 种。

（1）追求快乐，逃避痛苦。

（2）追求希望，逃避恐惧。

用户感到恐惧一般是因为在面对当前事件时有无能为力感，如被剥夺了自我选择的能力。有的产品将功能隐藏得很深，用户越用越觉得害怕。例如，笔者曾在某支付平台上购买了保险，却找不到取消的操作，多次寻找后居然在一个类似帮助文档的页面上找到了取消键，这种由自我选择的能力被剥夺带来的恐惧会直接导致用户对平台产生不信任感。

（3）追求认同，逃避排斥。

2. 要素2：能力

用户完成任务的能力包括以下6种。

（1）时间：用户是否有充足的时间来完成这项任务。

（2）金钱：用户是否有足够的经济支持来完成这项任务。笔者将该能力定义为"购买能力"，如果用户的一次性购买能力不足，则产品经理可以考虑降低门槛，如提供分期付款等功能。

（3）体力：用户是否有足够的体力来完成这项任务。体力不仅包含用户的力气和精力消耗，还包含身体器官的支撑能力，如眼睛能否负担长时间阅读等。

（4）脑力：用户是否有足够的脑力来完成这项任务。我们可以将该能力理解为用户完成任务所需的知识储备和知识调用能力。例如，某个产品只支持中文，不提供其他文字服务，则该产品在其他国家推广时，没有中文理解能力的用户就无法使用该产品。

（5）社会偏差：用户对该任务的接受程度。

（6）非常规性要求：当前任务与常规任务的矛盾程度。

3. 要素3：诱因

在用户产生了动机且有完成任务的能力时，产品经理要做的就是给用户提供一个抓手或导火索，让接下来的行动自然发生。如何确定诱因呢？单靠猜测和穷举不能有效确定，不过，福格博士的理论给出了明确的建议，他认为，提高用户行动的可能性的方向是"关注阻碍用户完成任务的事物"。

这里通过一个用户增长的案例来说明如何消除用户障碍，一个包月送花的订购鲜花平台的增长策略是给首次订花的用户赠送一个漂亮的花瓶，以帮助用户扫除无处插花的障碍。该平台通过给用户提供免费的花瓶，不仅保持了用户的心理账户不变（不需要额外购买花瓶），还加强了用户订购鲜花的诱因。

> **结论**
>
> 情绪是人的操作系统，情绪指导着用户行为，行为也能对情绪产生影响。产品经理在设计产品时，需要关注产品是否能够帮助用户获得幸福，如果产品经理在理解情绪对产品设计的帮助时无从下手，则可以从福格行为模型出发，分析产品的设计思路。

第 3 章

用户体系设计

3.1 构建用户画像

3.1.1 资料收集

在用户登录成功后,产品要收集用户信息,以建立更完整的用户画像,该画像将用于定向营销和推荐策略等。收集用户信息最常见且有效的方案之一是完善资料,包括头像、昵称、性别、出生年月、学历和所在地区等。

用户资料如图 3-1 所示。在用户完善资料后,平台便可以得到更完整的用户特征,其中,"80 后、杭州市、男、师范学院毕业"等信息都可以成为用户标签。例如,如果平台在杭州市有活动,则可以给带有"杭州市"标签的用户定向推送。

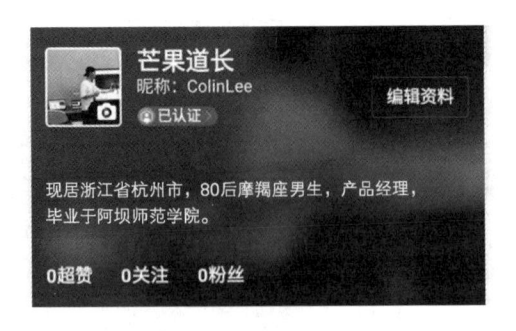

图 3-1 用户资料

3.1.2 完善资料的3个要点

1. 完善资料的时机

1）首次注册并登录后提示

在用户首次注册并登录后，会进入完善资料页面。需要注意的是，即使用户不完善资料，也不应阻止用户进入和使用功能。一般而言，想引导用户完善资料，可以优化引导文案。

2）在使用中提示

对于一些需要用户完善资料才能使用的功能，可以在使用中引导用户填写信息。例如，在发表评论时，需要用户上传头像和填写昵称；在用户使用课程推荐功能时，需要完善所在行业和职位。

3）默认提示

默认提示始终存在，如图3-2所示，在用户头像下方有一个"未实名"状态，在用户完成实名认证之前，该提示一直存在。如果用户没有完善资料，则可以在个人信息附近浮窗提醒其资料缺失，以引导用户填写信息。

2. 驱动用户完善资料的方法

1）利益驱动

可以为完善资料的用户发放奖励，如积分、优惠券、虚拟币等，也可以细化为在每完善一条信息后就发放一定的奖励。

2）特权驱动

在采用特权驱动方法时，发放给用户的特权要具有普适性，即所有用户在完善资料后都可以获得该特权，且获得该特权的用户能够在产品的任意地方展现特权。这样既能使特权具备规模，能够被所有人都看见，又能使特权具有确定性，用户不需要凭运气抽取。

图 3-2 默认提示始终存在

3. 完善资料的补充方法

可以提供授权通过微信、微博等登录的功能来收集用户的其他信息，以对用户资料进行纠偏和补充；也可以通过收集硬件信息来完善用户信息。一些 App 在启动时会询问用户是否授权某些信息，如定位信息、手机号、IMEI（手机序列号）、IMSI（用于区分蜂窝网络中不同用户的唯一识别码）等，这些信息都可以用于完善用户画像，包括判断用户可能属于什么群体，以及使用 App 的时段、地点偏好等。

> **总结**
>
> 可以通过利益驱动、特权驱动等方法来鼓励用户完善资料，从而构建准确的用户画像，便于产品经理根据画像为用户推荐适合的内容或进行定向营销，提高解决用户问题的效率。

3.2 建立风控系统

3.2.1 产品逻辑

1. 风控的 4 个好处

1）避免利益受损

笔者做过一个电商项目，该项目选定了一个品类做拉新活动，原价 300 元的商品，新用户首次购买只需要 69 元。活动刚开始时，新用户增长较快，与当时其他方式的拉新成本和回报相比，这种拉新方式是划算的。

但是，笔者某天去仓库发现新人专享的商品竟然有几单的收件地址是完全相同的，在导出数据后，发现存在很多类似的订单。不难想象，有用户借其他人的手机号购买了新用户专享商品，这种亏损是不划算的。如果没有风控系统，可能会使公司的利益受损，也会给拉新带来错误的方向。

2）避免出现人力投入回报率低的问题

例如，如果没有风控系统，为了减少恶意刷单的情况，可能需要耗费大量的程序开发资源以修补程序规则，通过修改既定规则解决该问题后，也会出现更多新问题，人力被浪费在了回报率低的事情上。

3）避免出现用户满意度低的问题

如果没有风控系统，大量优惠可能被恶意领取和占用，使真正想参与活动的用户无法享受福利；如果没有风控系统，社区可能充斥着大量劣质内容，导致原意继续生产优质内容的用户越来越少；如果没有风控系统，用户的大量问题得不到解决，他们对产品的满意度会大幅降低，最终抛弃产品。

4）避免占用客服资源

如果没有风控系统，活动期间产生的大量咨询会导致客服资源被占用。

风控系统不仅能规避经济损失，还能识别内容质量问题，如恶意攻击、发布劣质内容的行为可以通过风控系统来识别和规避，并能自动禁用恶意用户的一些功能，降低他们在社区的权重，甚至在全站隐藏他们的足迹。

2．建立风控系统的 3 个方向

风控系统主要关注两项内容，分别是用户行为和参照数据。产品会先定义清楚用户的哪些行为是被鼓励和不被鼓励的，并给出对每种行为进行判断的参照数据。例如，到期主动还款是被鼓励的，退货率超过20%是不被鼓励的。

风控策略的逻辑如图 3-3 所示。

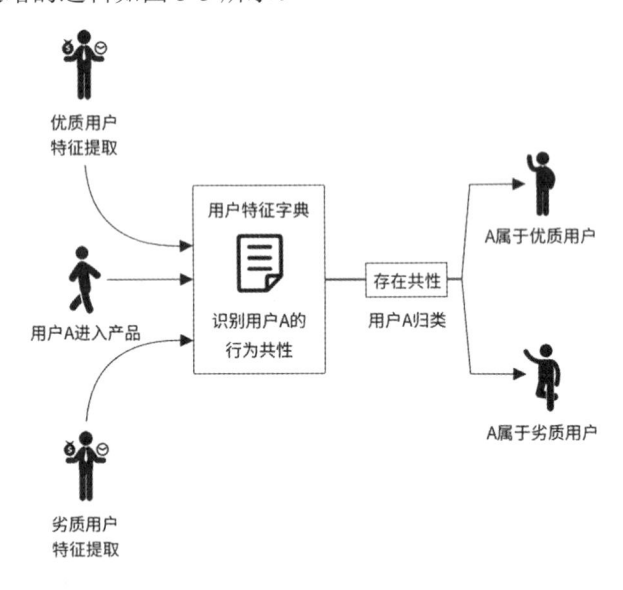

图 3-3　风控策略的逻辑

我们假设存在优质用户和劣质用户，当他们在使用产品时，风控系统便会把他们的行为记录到用户特征字典中，字典随着用户对产品的使用而逐渐完善。当用户 A 进入我们的产品时，系统便可以用特征字典来对照其行为，判断用户 A 属于优质用户还是劣质用户。如果用户 A 被归类为优质用户，则他可以享有更多权益，否则权益会被限制，如 15 天内不能发布动态等。

建立风控系统是一个漫长的过程，特征字典的建立需要收集大量的用户行为。目前市面上有提供风控产品的团队，可以采用他们的产品来提前识别劣质用户，标记缺乏诚信和履约精神的用户，以规避风险。

建立风控系统的 3 个方向如下。

1）方向 1：信用体系建设

在产品设计初期就可以规划产品的信用体系，列出诚信行为和被产品规则鼓励的行为，以及不诚信行为和被产品规则惩罚的行为，并为这些行为设计一套分值体系，分配信用分。当用户产生好的行为时，其信用分会增加，反之，信用分会减少。当用户的信用分增加或减少到一定程度时，产品会对其进行奖励或惩罚。

2）方向 2：实名认证

身份证认证是实名认证的一种，开发者调用实名认证服务即可实现该功能。实名认证能保证用户注册所用的手机号、身份证和人脸要素的唯一性，并将这 3 个要素绑定，以识别真实用户。笔者主导过两个租赁类产品，在此类产品中，实名认证是必须考虑的环节。

3）方向 3：反欺诈行为甄别

对于电商业务，反欺诈系统主要用于甄别恶意赔付的交易，如用户恶意刷单和退单、使用虚假破损图片多次申请售后等，这考验了客服部的鉴别能力。

建立反欺诈系统的原理如图 3-4 所示。平台需要根据自己的财务要求确定反欺诈规则，当用户行为符合某些规则时，平台需要人为调查，如果用户的欺诈行为属实，则可以对其进行功能限制。

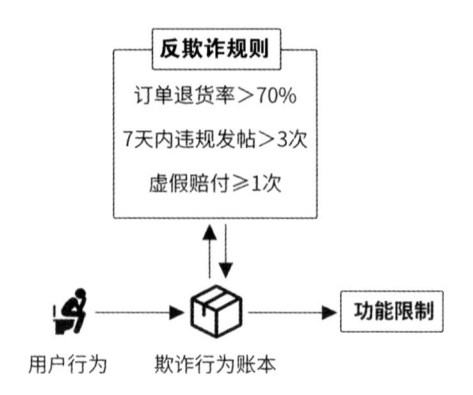

```
         ┌─────────────┐
         │   反欺诈规则  │
         │ 订单退货率>70%│
         │7天内违规发帖>3次│
         │  虚假赔付≥1次 │
         └─────────────┘
                ↕
    😟  →  📦  →  ┌──────┐
   用户行为 欺诈行为账本  │功能限制│
                 └──────┘
```

图 3-4　建立反欺诈系统的原理

反欺诈规则需要根据平台经验和案例确定。一般来说，反欺诈产品方案有 3 个组成部分，具体如下。

（1）特征提取。

监控和分析用户的行为特征，列出给平台带来品牌伤害和利益损失的行为，分析产生这些行为的本质原因，在排除平台自身原因后，将剩余行为归类。

（2）建立欺诈行为账本。

建立一个欺诈行为账本，可以在后台修改行为的阈值，如用户的订单退货率、指定时间内连续违规发帖次数、虚假赔付次数等。

（3）限制功能的使用。

在发现用户的欺诈行为后，系统需要对其功能进行限制，否则会带来更大损失。系统需要监控此类账号登录过的硬件设备有哪些。例如，一个有恶意赔付行为的用户用他的账号在设备 A、B、C 都登录过，当有新的账号用其中任意一个设备登录时，系统都可以判定其为可疑用户，并限制其功能的使用。但不建议封禁账号，要规避误封账号的情况。

3.2.2 用户标签体系

1. 给用户打标签的 4 个优点

构建用户画像能帮助产品经理提高用户管理能力,但要将实际业务准确推送给用户,还需要一套健全高效的标签体系,给用户打标签的 4 个优点如图 3-5 所示。

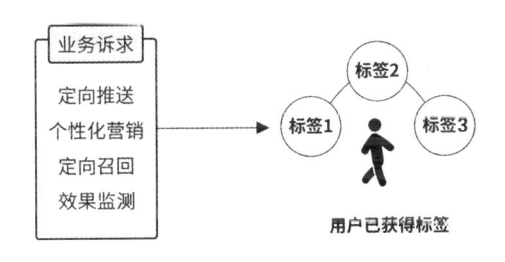

图 3-5 给用户打标签的 4 个优点

(1)定向推送。

例如,晚上 8 点到 11 点,有一类用户喜欢在我们的 App 上看与吃有关的内容,则系统可以给用户打上时间和浏览偏好标签,假设该标签为"晚 8-11-吃"。那么,当用户在该时间段登录时,可以多推送一些与吃有关的内容。

(2)个性化营销。

例如,当在 App 的 Banner 位置添加广告时,可以给广告加上标签条件,向符合不同条件的用户展示不同的广告内容,以提高广告的转化率。

(3)定向召回。

定向召回不仅要考虑已流失用户,还要考虑潜在流失用户。常见的召回方式是发短信和发邮件,可以根据用户标签发送个性化召回内容,提高召回效率。

（4）效果监测。

当产品经理想了解购买了"运动风"商品的用户还有哪些偏好时，需要做大量的数据统计和分析工作。但根据标签可以轻松得出结论，从而利用标签的叠加关系监测推送转化效果。

2. 如何给用户打标签

（1）标签类型。

标签类型如图3-6所示。对于不同的标签类型，打标签的方法不同。

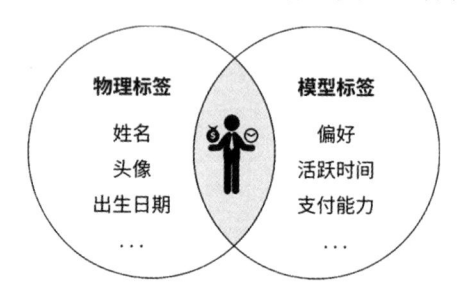

图3-6　标签类型

> 物理标签：对应用户的现实信息，如用户的性别、年龄分布、星座、所在城市等。这些信息可单独形成物理标签，如"华东地区用户"等地理标签、"90后用户"等年龄标签。

> 模型标签：不能从已有的用户信息中直接得到，需要管理员根据运营需求建立。此类标签是根据用户的操作行为确定的，用于解释和归类用户行为。模型标签包括支付能力标签、品牌偏好标签、内容偏好标签、订单履约程度标签等。以支付能力标签为例，如果用户在平台购物的总金额超过10万元，则可以打上"大客户"的标签。

（2）标签管理实例。

系统除了要有自动生成标签的功能，还要有人工管理标签的功能。用户标签列表如图3-7所示，管理员可以开启或禁用标签。

第 3 章 用户体系设计

标签名称	说明	规则	生效用户数	类型	打标方式	创建时间	操作
下单—大客户	由运营部木婉清建立，目的是对大客户进行反利回馈	1.过去30天，下单数≥10个 2.过去30天，订单总额≥5800元 3.累计下单金额>300000元 4.会员年卡≥1张	8374个	模型标签	自动生效	2022-07-23 16:48:22	已开启 ●
分销—加券	由客服部刀白凤建立，奖励"双十一"活动期间一级粉丝数量超过300人的体验官	1.一级粉丝，粉丝数>300人 2.粉丝关系绑定时间，2022-11-11<绑定时间< 2022-11-12	201个	模型标签	手动配置	2022-07-23 16:48:22	已禁用 ○

图 3-7 用户标签列表

标签的生成规则需要由管理人员建立，规则是标签有用的核心逻辑，新建用户标签如图 3-8 所示，这里的规则是预先开发好的。

图 3-8 新建用户标签

给用户打标签的方式包括自动生效和手动配置两种。

067

> 自动生效。

在标签建好后，当用户的行为满足指定规则时，便给该用户打标签。

一种较复杂的方法是通过协同过滤算法实现的，原理是对比用户 A 与 a 类用户的行为，如果两者相似，则给该用户打 a 类用户的标签，并推荐对应的内容。

> 手动配置。

手动配置主要针对不适用于普通用户的运营场景。例如，我们要给拉用户较多的分享官推送专享商品，这就不适用于所有用户了，因为分享官是由运营人员手动开通特权的人。运营人员可以在用户管理后台把这些人查出来，然后手动给他们打与专享有关的标签。

3.3 用户激励体系

3.3.1 用户等级、勋章、积分

1. 用户激励体系介绍

用户激励体系即用户成长体系，激励系统的逻辑是通过给用户发放奖励，引导用户完成指定动作。

用户激励体系的核心是奖励，可以是产品内部的东西，如积分、抵扣金或某些特权功能等；也可以是产品外部的东西，如文创产品等。激励系统的原理如图 3-9 所示。

激励的目标是强化用户使用行为，通过给用户实际的利益奖励或精神上的认同奖励，激励用户持续使用产品，使用户养成使用习惯，从而提高用户的忠诚度。

第 3 章 用户体系设计

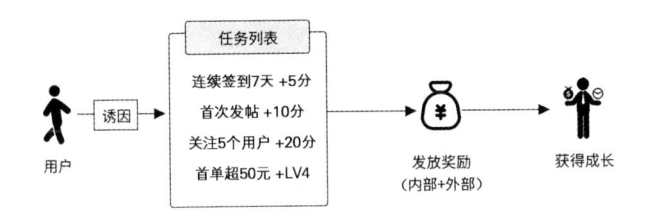

图 3-9 激励系统的原理

产品经理在设计用户激励体系时，需要关注的 2 个核心环节如下。

➢ 环节 1：用户行为划分。

应明确需要激励哪些行为。如果目标是延长生命周期，则应重点列出用户在从小白成长为专家的路径上的重要行为；如果目标是丰富社区的内容，则应重点列出产出内容的重要行为。

➢ 环节 2：搭建兑换系统。

用户在激励系统中获得的虚拟币或积分应能兑换出去，如果获得的是勋章或等级，也需要设计对应的特权奖励。

当产品已经稳定并获得了一定的用户后，提高活跃度就成了重要目标。用户激励体系配置灵活、玩法多样，可以较好地提高用户活跃度。

不过，并不是所有的产品都需要用户激励体系，如纯工具型和一次性付费产品，假设有一个高考志愿查询 App，用户使用的次数有限，做用户激励体系不如找好的渠道投放广告。另外，对于那些用户忠诚度很高的产品，过分的激励体系可能会搞得很功利，从而起了反作用。

2. 用户如何成长

在用户等级系统中，用户从一个等级到下一个等级需要多长时间、需要完成哪些任务，这类规则都是产品经理需要思考的。用户成长有两种方式：一是通过付出时间成长，如图 3-10 所示；二是通过付出金钱成长，这种方式是用户想要缩短成长时间的补偿方式，用户通过充钱也可以获得成长，如游戏中的某个级别很难靠自己达到，但可以通过充钱轻松达到。

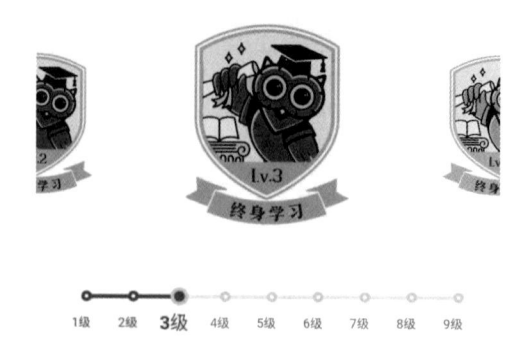

图 3-10　通过付出时间成长

3. 激励体系的差异

1）等级和勋章

有的团队可能在采用等级或勋章之间纠结，我们来看看用户等级和勋章的差异。用户等级主要体现用户的成长值，可以分为普通用户等级和 VIP 会员等级两种情况；勋章主要体现用户经验值，对成长的依赖性不强，任何用户都可以获得某个勋章。等级和勋章的对比如表 3-1 所示。

表 3-1　等级和勋章的对比

类别	等级	勋章
描述	与实际生活中的体制类似，反映用户的成长	在完成某个任务后发放，勋章有一定的数量限制
延续性	有可量化的完整等级体系，对行为的引导更强；对有黏性、活跃度高的长期目标帮助较大	每个勋章独立、相互之间关系弱，易于达成；适用于新功能引导
扩展性	在上线时设计好，通常不可变更	可以随时调整并适应运营需求
设计难度	等级计算复杂，各等级的达成条件较难平衡；上线周期较长	结构简单，各体制之间相互独立；上线快

续表

类别	等级	勋章
效果	见效慢，需要长期运营； 效果持久，随着等级的升高，用户忠诚度会提高； 影响范围大，所有用户都能参与	见效快，短期投入就能见效； 效果短暂，一个勋章完成后，这个体系就结束了； 影响范围小，只有感兴趣的用户才会参与，容易出现刺激疲劳

2）积分

积分属于经济体系，积分是可以消费的，可以演变为虚拟币。积分系统的灵活性高于用户等级系统和勋章系统，不仅具有等级系统的影响范围大的优点，还具有勋章系统的能快速见效的优点。另外，如果想改变积分的效果，重新配置积分的发放额度和兑换额度即可。

积分的获取：对于某个出行类App，打车是核心业务。因此，其积分规则是只有打车行为可以获得积分，租车、跑腿、代驾等无法获得积分。

积分的消耗：积分一般用于兑换物品，可以用纯积分兑换，也可以用积分加部分现金兑换；积分也用于兑换平台的功能特权，这在游戏中比较常见，如使用装备的权利、修改昵称的机会等，这种兑换方式适用于功能比较丰富的产品；有能力和流量的平台可以与其他平台合作，如用打车积分兑换视频类App的会员、电商平台的优惠券等。

3.3.2 如何设计激励体系

1. 用户等级、勋章、积分的设计关键

1）用户等级的设计关键

是否为用户等级设置上限不仅要考虑商业诉求，还要站在用户的角度考虑用户需求。用户等级的设计关键在于两个细节（如图3-11所示），一是

提供成长预期,在图 3-11 中,白银会员下方的"橙长值"进度条便是为用户提供成长预期的,"40/100"表示当前用户升级的进度为 40%,产品需要明确告知用户升级进度,否则用户很难衡量自己的付出能不能得到回报;二是提供成长明细,需要列出各等级对应的不同维度的分值,如基础分、消费分、奖励分 3 个维度。

图 3-11 用户等级的设计关键在于两个细节

2) 勋章的设计关键

勋章具有较高的独立性和灵活性,其设计关键如下。

➢ 1 个勋章对应 1 个行为。

目的是使用户的感知聚焦于当前任务,做完一件事后便可以得到对应的勋章,如果想让勋章系统更丰富,可以给勋章加等级,见图 3-10,"终身学习"这个勋章共有 9 级,当用户的学习时间达到设定值时,即可获得勋章。

第3章 用户体系设计

> 勋章发放时机。

应在获得勋章时直接发放并默认使用,以放大用户的成就感。

> 引导分享。

要提供便于分享的功能,如一键分享。分享的内容可以是一张精美的海报,明确写出用户的昵称和他所获得的成就。

3)积分的设计关键

可以将积分看作仅在平台流通的"虚拟币",我们要清楚它的目的是激励用户完成指定动作,从而提高用户活跃度。因此,在设计积分系统之前就要设定好目标,如增加用户购买商品的频次、增加用户发布动态的频次等目标。

积分系统只面向重要的功能,对于一些不痛不痒的功能,用积分引导反而很鸡肋和功利,从"虚拟币"的角度考虑,也不能随意发放。在设计积分功能时,需要考虑以下因素。

> 明确积分目标。

产品经理需要先确定积分功能要完成的目标,这样在后续的运营过程中才会有明显的效果,并能避免任务过多和混乱的情况出现。

> 丰富消费方式。

积分的消费方式有两种,一是向内消费,如用积分兑换功能特权、优惠券等;二是向外消费,如兑换合作平台的实物商品、虚拟服务等。

> 设计安全规则。

为什么一些平台的积分到年底会清零呢?这就是积分系统的设计者要考虑的安全问题,如果积分无限累积,就会在某个时间点出现对商城挤兑的现象。安全规则有两种设计方法,一是到期清零;二是限制在单位时间内兑换物品的次数或消耗的积分值,如每个用户每周只能兑换一次商品,以及每周最多使用100个积分等。

2．用户激励实践案例

1）RFM 介绍

RFM 是衡量用户价值的用户关系管理工具，被广泛应用于营销等领域。用户创造的价值可以通过以下 3 个行为来衡量。

R：最近一次消费是什么时间（Recency）；

F：用户消费的频率（Frequency）；

M：单笔或累计消费金额（Monetary）。

该工具认为，用户最近一次消费的时间与当前时间越近越好，吸引两个星期前消费过的用户比吸引一年前消费过的用户容易得多；用户的购买频率和购买金额越高，意味着用户的消费意愿越强。同理，用户的等级提升规则也可以根据用户的活跃度、使用功能的次数及使用对应功能时的付出程度来设计。

RFM 是我们接下来做用户激励系统的前提，利用 RFM 设计用户激励系统的原理如图 3-12 所示。

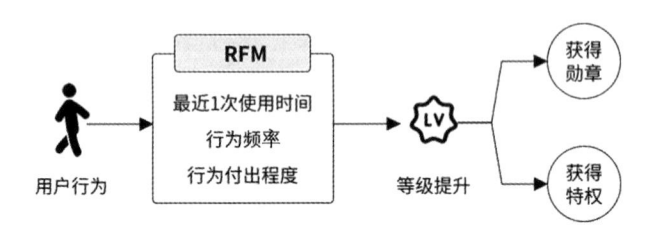

图 3-12　利用 RFM 设计用户激励系统的原理

2）用户等级设定

社交平台的等级设定示例如表 3-2 所示。该等级系统对用户的期望是培养一定的忠诚度即可，因此设置了用户等级上限为 10 级；为了使用户等级更具象，每个等级都对应一个勋章，勋章的命名易于理解且有一定的趣味性。

第3章 用户体系设计

表 3-2 社交平台的等级设定示例

等级	LV1	LV2	LV3	LV4	LV5	LV6	LV7	LV8	LV9	LV10
勋章	野人	平民	公民	勋爵	子爵	伯爵	侯爵	公爵	贵族	皇族

3）用户等级计算

当产品已经运营了一段时间，并有丰富的数据可以参考时，设定 RFM 的值比较准确；当产品刚上线或没有什么数据时只能根据经验和行业数据设定 RFM 值。下面介绍如何给不同的行为设定 RFM 值。

> 步骤 1：行为列举。

我们关注的行为与产品的增长有关。对于社交电商平台，所列举的行为只与提高交易量有关，行为列举示例如表 3-3 所示。

表 3-3 行为列举示例

编号	行为名称
1	商城常规下单
2	拼团（含开团和参团）

> 步骤 2：确定不同行为的 RFM 值得分。

在设定 RFM 值时，需要考虑不同的行为对用户的成长贡献度不同的问题。例如，拼团商品是低价商品，此类商品利润不高，在 RFM 中的权重较小。以"商城常规下单"行为为例，R 值、F 值和 M 值得分分别如表 3-4、表 3-5 和表 3-6 所示。

表 3-4 R 值得分

最近一次消费时间与当前时间相差天数：t（天）	$0 \leqslant t < 3$	$3 \leqslant t < 7$	$7 \leqslant t < 14$	$14 \leqslant t < 30$	$30 \leqslant t < 60$	$t \geqslant 60$
R	5分	4分	3分	2分	1分	0.1分

表 3-5 F 值得分

60 天内的下单数 n	n＞20	20≥n＞15	15≥n＞10	10≥n＞5	5≥n＞2	2≥n＞0
F	5 分	4 分	3 分	2 分	1 分	0.1 分

表 3-6 M 值得分

累计消费金额为 m（元）	m＞6000	6000≥m＞3000	3000≥m＞1500	1500≥m＞800	800≥m＞300	300≥m＞0
M	5 分	4 分	3 分	2 分	1 分	0.1 分

➢ 步骤 3：使贡献度与等级对应。

考虑到有的用户下单数少但消费金额高、有的用户下单数多但消费金额低的情况，我们令贡献度=$R×F×M$。可以得到不同行为的最高贡献度，如表 3-7 所示。

表 3-7 不同行为的最高贡献度

编号	行为名称	最高贡献度
1	商城常规下单	5 分×5 分×5 分= 125 分
2	拼团（含开团和参团）	5 分×5 分×5 分= 125 分

需要计算出所有列举行为的贡献度，并根据其划分等级，可以为这些等级对应的贡献度设置梯度，如刚开始的几级比较容易达成，中间几级比较难达成，最后几级又很容易达成。可以根据逻辑回归函数定义用户等级成长走势，如图 3-13 所示。

4）奖励发放

所发放的奖励包含两类，第 1 类直接与经济利益挂钩，如购买商品有折扣；第 2 类是特权类，体现在功能的差异上，如高等级的用户在社区内可以显示个性头像边框等。对于社交电商平台，可以为用户发放上述两类奖励，简单的奖励发放规则如表 3-8 所示。

第 3 章　用户体系设计

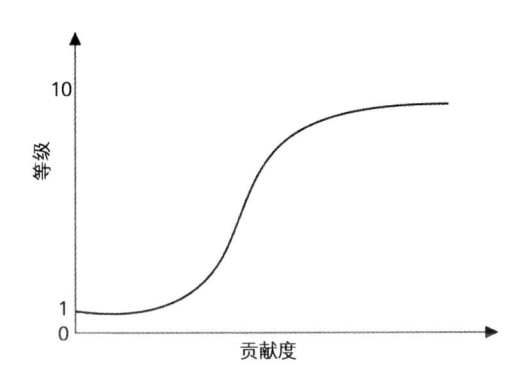

图 3-13　用户等级成长走势

表 3-8　简单的奖励发放规则

奖励	LV1	LV2	LV3	LV4	LV5	LV6	LV7	LV8	LV9	LV10
专享包邮券	√	√	√	√	√	√	√	√	√	√
个人主页装扮									√	√

5）用户等级查看

首先，我们的页面上应显示用户当前等级（附近还可以显示勋章）；其次，应显示用户距升级还有多远，需要给出成长预期，以提供目标和鼓励用户成长；最后，要明确显示当前等级所拥有的特权，如图 3-14 所示。我们可以仅显示当前等级所获得的特权，也可以显示所有特权，并使未获得的特权显示为灰色，这样可以营造一种缺失感，引导用户完成任务，从而提高活跃度。

> **总结**
>
> 用户激励体系在功能上包含用户等级、勋章和积分 3 种，不管选用哪种，都需要从见效时长、扩展性和连续性几个方面考虑，这 3 种实现方式可以单独出现，也可以混合使用。

图 3-14　当前等级所拥有的特权

第4章

社区功能设计

4.1 动态社区

4.1.1 关注功能

1. 产品目标

关注功能是社区的重要功能之一，用户可以关注自己喜欢的其他用户，并及时了解他们的最新动态。从表面上看，关注功能是为了帮用户完成订阅操作；从产品层面看，关注功能是为了帮用户建立个体发展目标。

2. 无关注用户时

当用户的关注列表中没有任何内容时，产品需要提供解决方案，以使用户与其他人建立联系。无关注用户时的原型如图 4-1 所示，这是笔者负责的初版社区电商平台，可以根据用户画像向用户推荐内容。产品经理需要考虑 3 个功能点。

1）查看微博、通讯录好友

新浪微博开放平台向开发者开放了用户的好友关系，很多 App 在冷启动时，都会考虑同步新用户的微博好友关系，以提高用户的好感度。如果用户在某个平台上产生了关注行为，则可以理解为用户是接受该产品的。

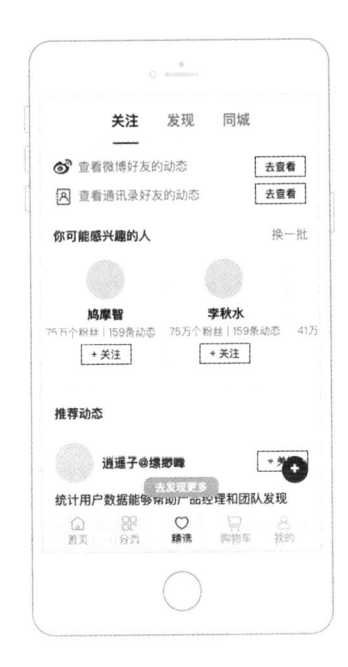

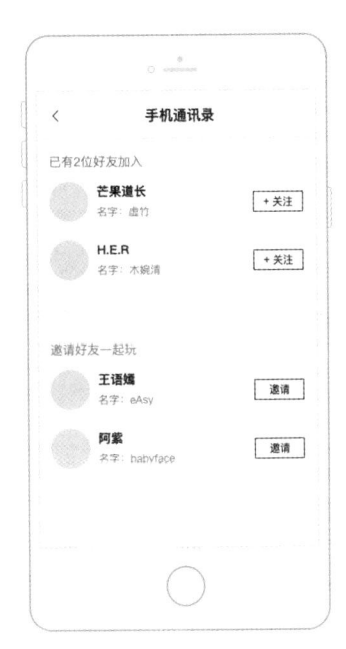

图 4-1 无关注用户时的原型

在用户授权了查看通讯录好友后，我们可以分别显示已注册和未注册好友，并为已注册好友提供"关注"功能，为未注册好友提供"邀请"功能。

2）推荐关注用户

对于已有清晰用户画像的用户，我们可以根据其特点推荐粉丝和发布的内容相对较多的关注用户；对于刚注册或画像不清晰的用户，我们可以推荐人气较高的关注用户，并提供"换一批"的功能，供用户筛选。

3）推荐动态

由于图 4-1 所示的是社交电商项目，所以我们在推荐动态时没有考虑时效性，我们引导用户发布内容或购物心得的目的是使这些内容起商品导购的作用。因此，这里的动态推荐规则是"7 天内热度最高的内容排在前面"。

3．有关注用户时

当用户关注了其他用户后，关注列表的逻辑就变得简单多了，展示所关注用户发布的动态即可。有关注用户时的原型如图 4-2 所示。

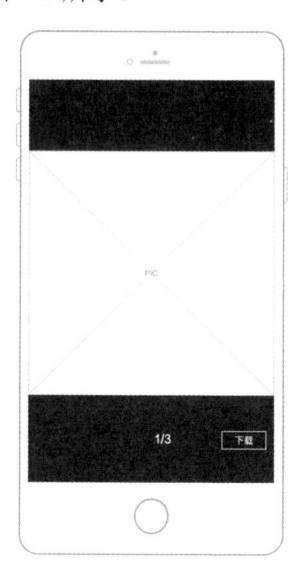

图 4-2 有关注用户时的原型

4.1.2 发现功能

1. 成功社区的 3 个特点

1）特点 1：有公平的规则

公平的规则能保护所有用户的权益，不偏袒意见领袖或平台。

第一，在规则公平的环境中，有能力的普通用户可以成长为意见领袖，并贡献优质内容，优质内容可以吸引更多新用户，也让老用户有丰富的内容可以消费；第二，公平的规则可以实现优胜劣汰，好的用户会获得更多的粉丝和认同，他们有动力继续产出优质内容，而不好的用户会被其他用户忽略，这样社区才能自己成长。

2）特点 2：内容决定定位

我们不应该用某个口号定义社区的定位，社区的定位应由用户产出的

第 4 章　社区功能设计

内容确定。不建议在产品刚面世时就给出限制条件，这会给团队和用户都带来困扰。原因在于 2 点。第一，当团队已经决定了社区的定位时，会难以容忍符合其他定位的内容出现，在产品策略上可能表现为将与自身定位不相关的内容的排序降级、随机减少发布该内容的用户出现在动态流中的次数、发布的内容仅自身和粉丝可见等，这些看起来是帮助社区定位价值观的策略，其实是在拒绝用户；第二，社区本身就像现实生活中一个小群体，当组织和其中一部分人发生对抗时，很容易升级为组织和所有人对抗，当对抗发展到不可调和的程度时，用户就会转移到其他平台了。

3）特点 3：精细化运营

基本上所有的社区类产品都有等级、积分、勋章、成就、威望等激励体系，出发点是希望用这些激励手段鼓励用户在社区多产出、多联系、提高活跃度，但是要想到过犹不及。

假设有一个社区，点赞就能获得 5 个积分，用户之间打招呼和写评论的常用语就是"日行一善"，在不看内容和发布者的情况下，就大量点赞，再随机写几条评论，这样被赞和被回复的人可以得到勋章，点赞和写评论的人可以得到积分。最后，社区中优质的内容获得的赞和评论还不如一些较差的内容，优质内容生产者便会离开。

社区类产品要靠精细化运营来沉淀，不能急功近利，很多失败案例都出现了补贴或返利等功利性运营行为。

2. 社区发展的 3 个阶段

1）第 1 阶段：内容积累

在第 1 阶段，产品经理要尽力说服团队和老板：避免上线过于复杂的功能。例如，老板想在产品上线时就做好个性化推荐系统。事实上，在用户量不多且内容不多的情况下，做个性化推荐的意义不大。应该按照发布时间显示最新内容，重点是保证随时有最新的内容可以查看，用户会通过点赞和回复功能表达自己的兴趣。

2）第 2 阶段：内容风格引导

基本上所有的社区类产品都会在某个阶段做出话题功能，发现功能的原型如图 4-3 所示。

图 4-3　发现功能的原型

经过第 1 阶段内容的百花齐放后，社区积累了一定的用户量，内容参差不齐、缺少规律，质量差的内容多会影响用户体验，这个时候话题功能就出现了。

话题功能是为了给社区期待出现的内容树立标杆。运营根据社区想要的内容做一个范围规划，并在社区定期发起话题，用户可以针对话题发帖。

总之，该阶段的一切策略都是为了把内容风格引导到指定的方向。社区的目标是通过确定合理的内容分发规则，让优质内容被更多人认可，从而鼓励生产优质内容的用户有动力持续产出，丰富社区内容，同时有利于吸引更多新的目标用户使用产品，这是一个正向循环。

3）第 3 阶段：个性化推荐

要想实现个性化推荐，需要关注以下 3 个功能的设计。

第4章 社区功能设计

➤ 收集用户喜好。

仅根据用户的个人信息得出用户喜好是不准确的，弥补方式是让用户自己选择喜好标签，如图4-4所示，App在首次启动时就要弹出选择窗口，在用户选择后，将标签加入用户画像，便可实现内容的准确推送。

图4-4　让用户自己选择喜好标签

➤ 收集用户操作行为数据。

要重点收集用户的评论、阅读、点赞、分享行为数据，视频类App会统计用户观看单视频的时长和次数，用户对某类视频的完播率高，则表示用户喜欢此类视频内容。

➤ 内容特征构建。

通过技术手段提取每条帖子的内容特征并形成标签，再将这些标签关联到该用户，从而实现内容特征构建。

为了使推荐的内容更准确，需要加入屏蔽功能，如图4-5所示，使用户可以表达哪些内容是他们不喜欢的。用户可以点击内容附近的操作按钮，反馈不喜欢此类内容的原因，系统便可根据内容标签减少推送。

图 4-5　屏蔽功能

4.1.3　同城功能

1. 产品目的

同城功能可以给每个用户提供展示自己的机会和被关注的机会。笔者赞同这个说法，因为目前有几个 App 都是凭同城功能发展起来的，同城功能（如附近的人等）为它们带来了用户增长。用户展示自己和获得关注的逻辑如图 4-6 所示，我们的本体世界要扩大边界和变得丰富，就需要向外投射，而我们的目的是获得外部世界的回应。

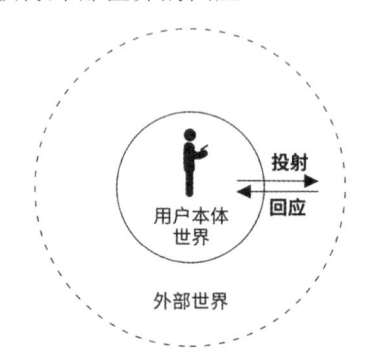

图 4-6　用户展示自己和获得关注的逻辑

2. 为什么要按同城来展示

我们与陌生人建立联系是很不容易的，我们与他人的熟悉度如图 4-7 所示。从产品的层面看，用产品认识邻居的意义不大，但用来认识同城的人是

第 4 章　社区功能设计

比较好的。同城的人有相似的文化认同、饮食习惯、小城故事等，因此我们更容易被同城的人理解。同城的动态按发布时间或离"我"最近的顺序展示即可。

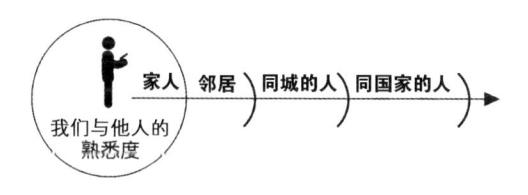

图 4-7　我们与他人的熟悉度

同城功能的原型如图 4-8 所示。

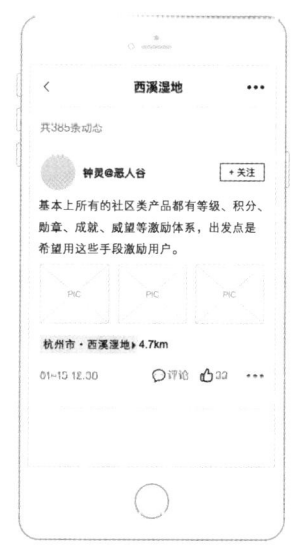

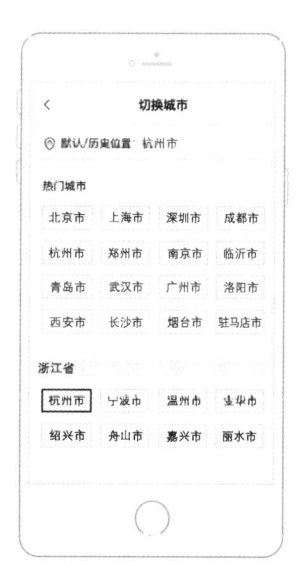

图 4-8　同城功能的原型

同城需要提供切换城市功能，使用户可以了解其他城市的动态。在用户首次进入同城页面时，先定位其所在城市。如果用户切换了城市，则在用户下次进入 App 时展示其切换的城市即可。用户发布的动态可以关联周围的标志性建筑，如小区、商场、景点等，这样可以用更具官方性质的地理信息来增强本条动态的熟悉感，但对于已发布的动态，地理信息就无法修改了。

4.1.4 发布动态关联商品功能

发布动态关联商品功能的原型如图 4-9 所示，用户从发布入口选择照片后，便进入可关联商品的页面，该页面显示了用户选择的图片，他们可以删除图片或继续添加图片。

图 4-9 发布动态关联商品功能的原型

对于电商类产品，社区的主要目的是导购，发布的动态都需要关联商品，用户点击"关联商品"后，便把用户最近购买的商品展示出来。我们希望用户在热情未退时为他们所购买的商品提供更多的补充信息，以为其他的用户提供参考。用户也可以搜索全站商品并关联。我们要限制可关联商品的数量，笔者所做的项目中最多可关联 10 个商品。

在《设计心理学 3》中，诺曼博士将人对事物的感受分为 3 个层次，分别是本能层、行为层、反思层。笔者认为，本能层是人第一眼对事物的感受，这是人类长期进化的结果，如判断一个东西是否好看，这个层次是最表面的；行为层是用户亲自使用某个物品并得出结论，用户会判断物品是否好用、是否容易被理解；反思层是当人们经历前两个层次后，在很长的一段时间内，还能忆起前两个层次的体验。

因此，产品经理在设计功能时要先思考是为用户的哪个层次做设计，我们的设计要顺应用户的真情实感，而不是要求用户站在我们的角度思考和使用产品。

4.1.5 动态审核后台功能

在动态管理和审核逻辑中，复杂的是反垃圾系统和审核规则。一般来讲，除了云服务器提供的反垃圾系统，平台也有自己的反垃圾规则。例如，在用户昵称中不能出现指定的文字，如"官方助手"，以免其他用户误解。动态审核后台功能的原型如图 4-10 所示。在设计动态审核后台功能时，需要思考 3 个问题。

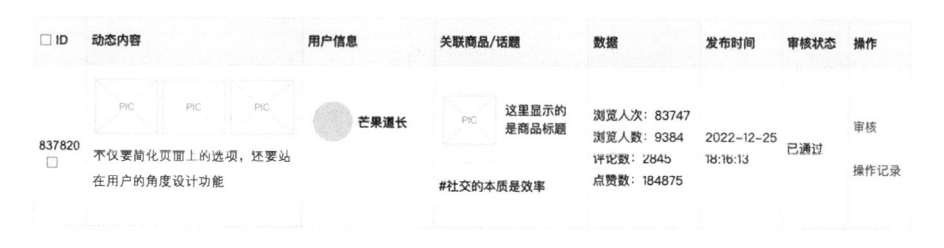

图 4-10 动态审核后台功能的原型

1）什么时候审核动态

审核动态的时机有两个，一是发布时，使用反垃圾系统审核，如果内容没有违规则直接通过；二是如果被反垃圾系统识别为垃圾内容，则需要在后台进行人工审核，防止误杀。如果内容确实违规了，则点击操作栏的"审核"按钮，在弹窗上选择"不通过"，反之，选择"通过"。动态审核流程如图 4-11 所示。

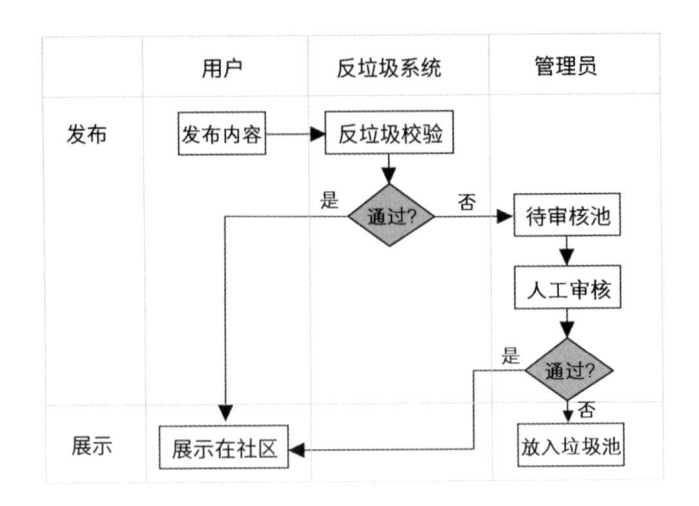

图 4-11 动态审核流程

有一个细节需要处理，如果用户发布的动态中包含敏感内容，那么在用户点击"发布"后，跳转到的动态列表页面怎么展示呢？①用户新发布的动态还是会出现在动态列表中，但是只有用户自己能看到；②在该动态的下方突出显示一条提示——"该动态疑似包含敏感内容，系统审核中"。

2）后台可以编辑用户发布的动态吗

可以编辑，但是需要定义清楚可以编辑哪些内容。笔者在所做的项目中提供了编辑用户动态的功能，但是我们的团队约定只能修改用户上传的图片顺序，即从用户发布的图片中指定一张封面，但是不能修改用户发布的图片和文字信息，即使关联的商品是错误的，也不能修改，以免引起用户反感。

3）是否显示动态属于哪个话题

笔者的团队在实际工作中仔细探讨过这个问题，达成的共识是不显示。原因有两点：第一，话题不是常态信息，专门在动态列表中留出位置显示话题会有点多余，事实上，大多数动态内容都与话题无关；第二，考虑到从属关系，动态是属于话题的，从后台管理组的角度来看，顺序是先查询有哪些话题，再查询话题中有哪些动态，因此没有必要在动态列表中显示话题。

4.2 评论系统

4.2.1 评论功能的产品逻辑

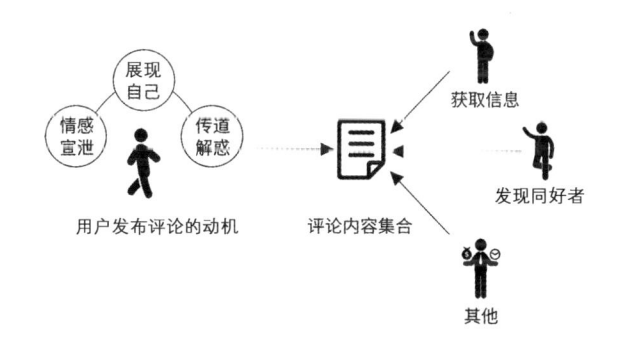

1. 用户发布评论的动机

用户发布评论的动机基本离不开情感宣泄,但产品经理不能仅从帮助用户宣泄情感方面设计功能,还要考虑用户是否可以有收获。用户发布评论的动机如图 4-12 所示。

图 4-12 用户发布评论的动机

2. 设计评论功能的目的

收集评论的主要目的还是提高活跃度、在用户之间建立更多联系,特别是对于内容生产者来说,源源不断地收到别人的评论能够增强他们继续产出高质量内容的动力。

除了要从产品的角度定义收集评论的目的,还要从用户的角度了解他们看评论的目的,尽量将两者匹配,见图4-12,用户看评论的目的包括获取信息、发现同好者等。产品经理可以根据自己的业务诉求,引导用户发布指定方向的评论,以提高活跃度或转化率。

一般来讲，设计评论功能的目的有以下3种。

1）补充信息

我们可以通过引导用户发布评论来补充主题信息。例如，电商App通过引导用户发布图文评论来补充商品的实际使用场景信息，以帮助潜在用户做购买决策。在用户看来，与平台相比，其他用户发布的信息更真实。在设计电商类产品的评论功能时要注意的事项如表4-1所示。

表4-1 在设计电商类产品的评论功能时要注意的事项

评论门槛	只有下过订单的用户能评论，否则发布的内容极有可能与商品无关，帮助不大
评论时机	商品被成功签收后
设计建议	应尽量客观、少掺杂运营手段，避免因利益驱动带来虚假内容。例如，卖书电商平台用奖励优惠券的形式引导用户发布购物评论，结果评论区存在大量无效的复制内容，与图书的内容无关
互动性	互动性不能太强，可以相互点赞，但要考虑是否开放在评论下留言互动的功能，因为用户之间可能会有冲突，影响体验

2）交流互动

评论功能使用户之间能够交流互动，评论的形式比较丰富，有的产品支持用户使用视频或图片评论，如办公协同软件；有的产品仅支持用户使用限定字数的文字评论，如微信朋友圈、微博动态的评论，此类设计场景不需要引导用户发布图片对原内容进行补充，其在内容上追求简洁、个性化和时效性。在设计交流互动类评论功能时需要注意的事项如表4-2所示。

表4-2 在设计交流互动类评论功能时需要注意的事项

评论门槛	由用户之间的关系决定，在一些平台上只有好友能评论
评论时机	主帖发起后的任意时间
设计建议	自然生长
互动性	提供多样的互动机制，如点赞、回复、关注、踩等，让用户能通过多种方式互动

第 4 章 社区功能设计

3）建立专业性内容库

专业性评论系统常见于问答、点评类产品，问答类产品有知识问答、医疗问答等，点评类产品有电影点评、音乐点评、艺术品点评、书籍点评等。在这些评论系统中，有很多较长的评论，这些评论可以成为新的帖子，继续被评论。每个用户的知识素养和生活背景不同，很容易产生不同的见解，从而引发互动。需要注意的是，此类评论系统始终要引导用户发布与主题相关的评论，重点是这些评论要对其他用户有用。在设计专业性评论系统时需要注意的事项如表 4-3 所示。

表 4-3 在设计专业性评论系统时需要注意的事项

评论门槛	无门槛
评论时机	主帖发起后的任意时间
设计建议	有针对性地对评论进行分类运营，让高质量的、有用的评论能够被更多人看到。产品策略如下。 ① 鼓励高质量的评论：通过将评论设置为精华、推荐置顶等，让更多人看到评论内容并进行互动，不仅能鼓励作者，还能让有用的内容被多次消费； ② 培养中等质量的评论：对于中等质量的评论，平台的主要目标是培养愿意产出内容的作者，帮助他们提升自己并产出好的评论内容。可以适当提高中等质量评论的曝光率，鼓励作者持续产出； ③ 屏蔽低质量的评论：低质量的评论包括与主题无关的评论，以及恶意和敏感内容等。可以折叠评论让其不被看到，甚至平台可以删除这些评论并对恶劣的作者进行封号处理
互动性	多样性互动，平台除了提供点赞等功能，还可以提供打赏等功能，用户可以对好的内容进行打赏，激励作者产出更多优质内容

4.2.2 评论功能实践

1. 评论列表样式

评论列表的主流样式有 3 种，第 1 种是平铺式，按照一定的顺序将评论内容从上到下排列；第 2 种是引用式，当用户回复某条评论时，将被回复的评论内容引用在回复内容的下方，引用式评论列表原型如图 4-13 所示；

第 3 种是盖楼式，通常情况下，没有被回复的评论采用平铺式，但如果有评论被回复了，则回复的内容会显示在评论的上方，类似楼层一样一直往上堆叠。

图 4-13　引用式评论列表原型

2. 排序方式

1）精彩评论

在某条评论满足指定的规则后，系统就将其放入精彩评论区，精彩评论展示在评论列表顶部,不会被新的评论覆盖。成为精彩评论的简单规则是回复数和点赞数超过指定的值;复杂规则是算出热度值,根据热度值排序,下面介绍一个简单的例子。

假设一条帖子被评论的热度值是 $f(x)$、被点赞的热度值是 $f(y)$,则该帖子的热度值是 $f(a)=f(x)f(y)$。那么,进入精彩评论区的规则可以这样定义:当一条评论的热度值 $f(a_1) \geqslant f(a) \times 30\%$ 时,这条评论就进入精彩评论区。而且精彩评论区的评论不是按照发布时间排序的,而是按照热度值排序的,精彩评论的排序逻辑如图 4-14 所示。

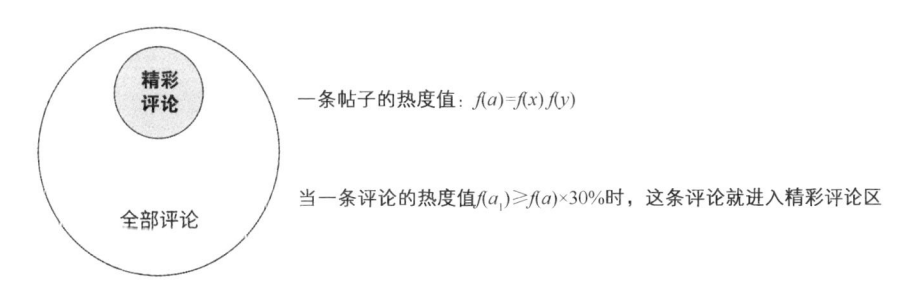

图 4-14 精彩评论的排序逻辑

还需要考虑人工"置顶"评论的场景,如官方发布的运营帖需要置顶,里面可能涉及抽奖等运营活动,需要用置顶评论的方式向所有能看见该帖子的人公布中奖结果。

2)最新评论

在普通评论区,最新发布的评论显示在最上面,按发布时间排序即可。

3. 反垃圾功能

反垃圾功能的逻辑如图 4-15 所示,在设计该功能时,需要考虑两个环节。

1)反垃圾系统校验

反垃圾系统由专门的公司提供,以按次付费或按量付费的形式调用其 API,团队按照对方的开发协议对接即可完成反垃圾功能部署。用户在社区发布的任何内容，都需要经过反垃圾系统校验，如果在校验过程中发现存在敏感信息，则该动态不会展示，而是进入待人工审核池，只有在人工审核通过后才能展示出来。

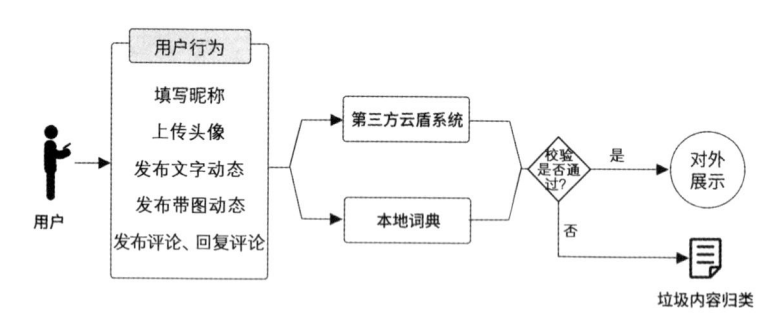

图 4-15 反垃圾功能的逻辑

2）本地词典过滤

本地词典是跟随 App 的安装包安装在用户手机中的反垃圾词典。词典是由平台维护的。例如，词典规定了 α 是敏感词，如果用户提交的内容中包含 α，则会被标记为敏感内容。后台可以继续向词典输入 β 或其他敏感词。本地词典是定时更新的，后台会设定好定时巡航的命令，如每天早上 8 点后，只要用户打开 App，就会从服务器上将最新输入的敏感词拉入本地词典，实现本地词典的更新。

第 5 章

电商功能设计

5.1 商城和分类

5.1.1 App 首页布局逻辑

1．导购思想

电商类产品始终围绕"成交"这个目的来开发功能，产品诉求大多围绕用户增多和总营收增长展开，于是功能需要分摊这些增长指标，根据用户身份匹配适合的页面内容，始终根据"导购思想"决定页面的内容和布局。

本节以电商 App 首页布局为例，帮助读者理解设计页面的思维方式。电商 App 首页原型如图 5-1 所示。

1）轮播 Banner

轮播 Banner 用于承接短期内的重要活动，建议不超过 4 张，这些 Banner 的排序越靠后，往往流量越少。在一般情况下，为了保证能够获得自然流量，最后一张 Banner 保留在线的时间较长。Banner 的显示可以区分新老用户，老用户不需要看见针对新用户的活动。

2）新人专享 1000 元好礼

该项目有一个新用户首单转化的业务指标，新用户在注册页面可以领取新人专享优惠券。如果用户没有下过订单，则新人专享的活动入口一直显示在轮播图的左下方，新用户只要进入 App 就能看见该活动。

图 5-1　电商 App 首页原型

3）每日福利社

每日福利社是用于拉新的"钩子商品"。从价格维度来看，电商平台的商品都会按照一定的比例划分。例如，在总商品中，30%是用来获利的，这部分商品的利润极高；60%是用来丰富商品品类的，这部分商品只需要保持盈亏平衡；剩下的 10%是用来拉新的，基本是亏损的，如 1 元秒杀活动。这里的每日福利社以限量抢购的形式吸引用户，目的是提高首单转化率。

4）会员俱乐部

会员俱乐部入口不区分用户身份，对于非会员用户，可以在这里看到会员特权；对于会员用户，可以直接进入专享区购买折扣商品。该入口可以强化老用户购买折扣商品的行为，鼓励他们继续保持会员身份。

5）积分兑好物

该区域向所有用户展示，用户获得积分的途径包括邀请新用户、购买商品、邀请好友购买会员身份等。该入口的目的是用积分奖励的形式驱动用户拓展新用户和新会员，平台对该增长方案比较看重，所以放在首页。

6）限时汇

该区域的功能是整点限量抢购，不区分用户身份。既可以甩货清仓，又能通过整点抢购的形式，将用户的消费集中在指定的几个时间点，还能以低价吸引新用户、活跃对价格敏感的老用户。在规划限时汇的商品列表页面时，要重点体现限时、库存紧张和场次预告 3 个特征，以营造压力，引导用户快速下单。

2. 甄选商品的推荐逻辑

为了增大用户下单的概率，我们可以做简单的推荐方案。商品的推荐原理如图 5-2 所示。我们需要提取用户操作记录的特征，并与商品的特征对比，将匹配度高的商品推荐给用户。

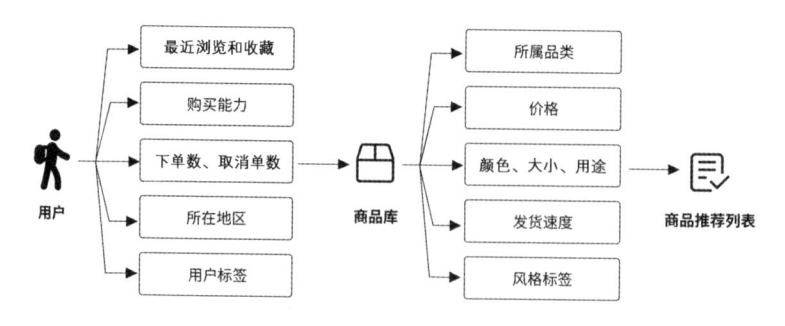

图 5-2 商品的推荐原理

1）最近浏览和收藏 vs 所属品类

我们认为用户浏览和收藏的商品都是用户关心的，系统在用户最近浏览和收藏中找到访问次数最多的商品，标记这些商品所属的品类，并在用户下次进入页面时，优先推荐被标记的品类所对应的商品。

2）购买能力 vs 价格

我们可以根据用户的购买能力推荐价格在其购买能力范围内的商品，即将用户历史订单中商品的最低价格和最高价格列出，形成一个区间，优先向用户推荐这个区间内的商品。

3）下单数、取消单数 vs 颜色、大小、用途

我们可以先提炼用户成功下单的商品的颜色、大小、用途有哪些特征，再提炼用户取消了订单的商品的颜色、大小、用途有哪些特征，并推荐用户成功下单的商品类型，避免推荐用户取消订单的商品类型。

4）所在地区 vs 发货速度

优先推荐离用户近的商家的商品，发货速度快能增强购物体验，也能节省打包成本和物流费用。

5）用户标签 vs 风格标签

风格标签是商品在建立时所添加的标签，大多数电商平台上的商品标题都包含了商品的风格标签，如"日系""ins 风""北欧风"等。我们可以优先向用户展示商品风格标签与用户标签匹配的商品。给用户推荐的商品还可以继续增加条件，如销量、用户所在地区最近的天气等，笔者所做的项目还设计了简单的实时推荐规则，即实时采集用户点击行为，以提取新的风格标签并将其加入用户的购物偏好标签中，当用户向上滑动手机屏幕以访问下一页的商品时，就根据实时采集的标签推荐对应的商品。

5.1.2 商品详情

1. SPU 和 SKU

商品管理的业务必须理解 SPU（Standard Product Unit）和 SKU（Stock Keeping Unit）的关系。SPU 是为了管理同一组具有标准化信息集合的商品而设立的。它们的材质和用途都是相同的，一个四件套有黑色和白色两种颜色，这个组合便是四件套的 SPU。如果用户购买了黑色的四件套，则用户购买的便是 SKU，即最小存货单元。

SPU 是用来统一管理固定信息的，SKU 则在 SPU 的基础上对固定信息进行编辑或新增，使 SKU 商品信息更完整。SPU 与 SKU 的关系如图 5-3 所示。

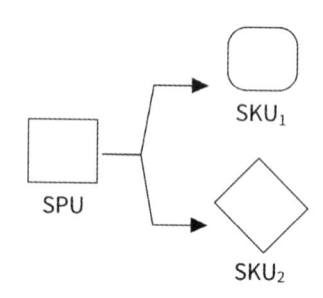

图 5-3 SPU 与 SKU 的关系

2. 商品详情示例

商品详情原型如图 5-4 所示。用户点击底部操作条上的"加入购物车"或"立即购买"按钮，就会弹出属性面板，用户可以选择一个 SKU 下单。

商品详情要根据用户理解信息和做决策的顺序来布局，页面从上到下的内容分别是商品信息、优惠信息、评价信息，它们给用户传递的心理感受分别是：商品适合我、有优惠能省钱、买过的人都说好。如此布局还可以提高转化率，下面介绍 2 个功能逻辑。

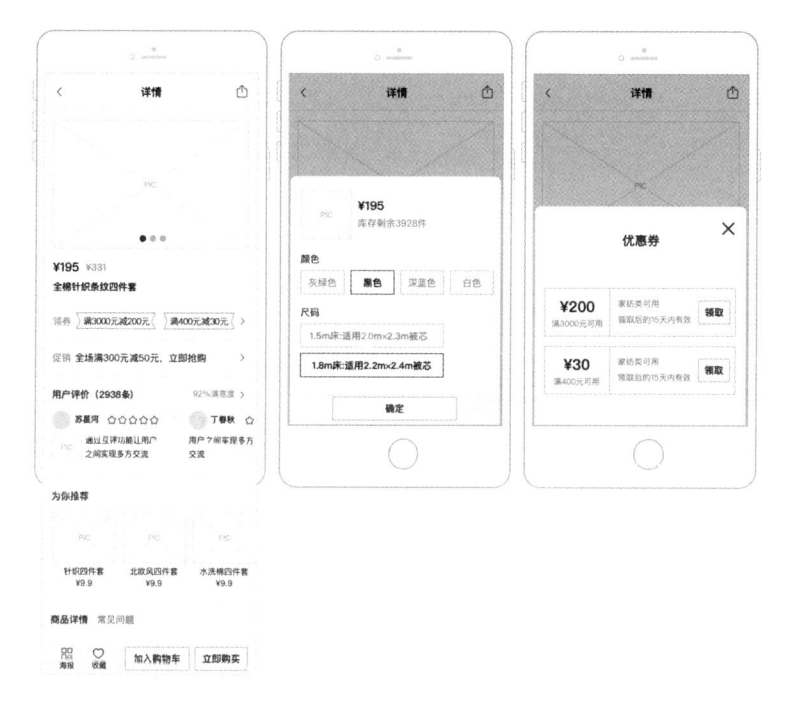

图 5-4　商品详情原型

（1）用户评价。

产品收集用户评价内容的主要目的是为其他用户提供决策参考，评价的时机可限定为用户收件后的指定天数内，因为写评价动作是收货动作的延续。

（2）为你推荐。

此处显示的是当前商品的其他款式。用户进入商品详情页面表明他们是有购物需求的，为了解决款式或价格不合适的问题，这里向用户推荐不同款式的商品。

3．添加商品管理后台

在笔者所做的项目中，商品管理是由 SPU 主导的，这里的 SPU 还涉及自动调价和库存管理等业务。因此，运营人员在创建 SKU 前，需要先从 SPU 中选择目标商品导入，再根据需求补充 SKU 的信息。

在商品的基本信息区域，逻辑比较简单，需要强调的是规格信息区域，应考虑商品有多个 SKU 的场景。另外，如果涉及库存管理业务，还需要提供商品编码功能，以便在商品出入库时及时同步信息。

添加商品管理后台原型如图 5-5 所示。

图 5-5　添加商品管理后台原型

在添加颜色、尺寸后，后台管理员需要填写支付价、划线价、库存和商品编码。对于 SKU 较多且有自建仓库的团队来说，商品编码是必须有的，以便仓库管理人员在收发货时高效地整理商品。

5.1.3　分类和筛选

1．分类功能

App 端商品分类原型如图 5-6 所示，页面左侧是一级分类，点击后便可显示对应的二级分类。

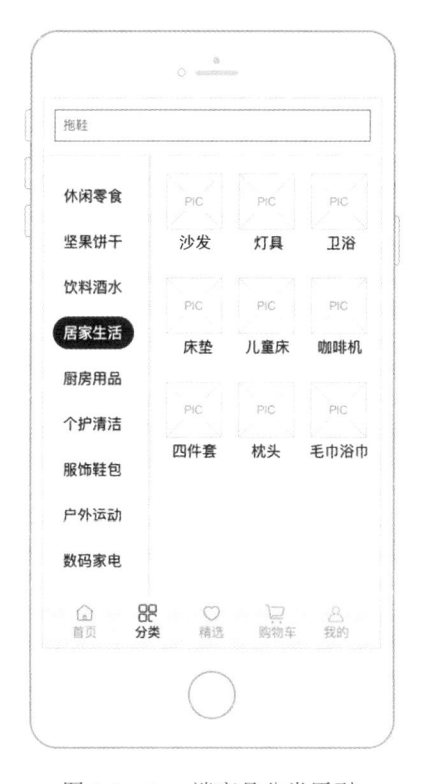

图 5-6　App 端商品分类原型

商品分类的目的是帮助用户缩小查找范围，提高找到目标商品的效率，该功能的实现方式有两种：一种是固定的，适用于商品品类稳定的团队，缺点是缺乏灵活性；另一种是可后台编辑修改的，优点是灵活性强，运营团队可随时修改分类。

如果采用可后台编辑修改的实现方式，则需要后台提供修改分类图标、名称及编辑商品列表的功能，新建二级分类的功能原型如图 5-7 所示。管理员在新建二级分类时，不仅需要对其进行基础信息编辑，还需要指定其所属的一级分类及挂载的商品。挂载商品往往采用批量导入的方式。

图 5-7 新建二级分类的功能原型

2．商品筛选功能

商品筛选功能常常出现在两个场景中：第 1 个场景是用户搜索关键字后，在搜索结果页面上有筛选操作；第 2 个场景是用户在进入某个分类后，该分类的结果页面上有筛选操作。筛选功能原型如图 5-8 所示，用户在进入"咖啡机"分类后，可以筛选价格区间、适用场景、品牌、功能等。

第 5 章　电商功能设计

图 5-8　筛选功能原型

在设计筛选项时，需要将为用户提高效率作为出发点。总的来讲，在购物过程中，用户最关心的是价格和商品的功能是否满足预期。筛选价格的功能需要提供起始区间，可以显示两个输入框，也可以显示一个带有可拖动滑块的进度条。在为用户提供公用的筛选项时，可以从商品的材质、产地、适合的用户群体出发，也可以提供商品的风格标签，帮助购物目标模糊的用户找到合适的商品。

> **总结**
>
> 本节的写作顺序是从前端到后端。首先，介绍了 App 首页布局遵循导购思想，需要结合产品的业务诉求和用户画像，在前台将商品组合展现给用户；其次，介绍商品是如何被添加到前台的，商品在后台以 SPU 单元发布，再细分为多个 SKU 并展现在前台。这里我们了解了 SPU 与 SKU 的关系，并掌握了添加商品管理后台的产品方案；最后，商品被展现在前台后，为了提高用户找到符合自己预期的商品的效率，我们介绍了如何在前台设计分类功能和商品筛选功能。

5.2 分组和订单

5.2.1 商品个性化展示的原理

1）商品标签的作用

商品标签适合在为用户提供精准推荐时使用。商品个性化推荐原理如图 5-9 所示。当用户发起搜索或随意浏览商品列表时（Input 环节），系统会将商品标签与用户标签匹配（Rule 环节），再将结果推荐给用户（Output 环节）。

商品标签　　与用户标签匹配　　推荐结果
（Input）　　　（Rule）　　　　（Output）

图 5-9　商品个性化推荐原理

2）商品标签分类

给商品定义标签需要从商品自身出发，添加商品的物理属性标签、适用场景标签及与运营有关的标签，商品标签分类如图 5-10 所示。

商品标签可以包含多个层级，并为不同的层级分配优先级。

3）商品标签后台

后台的商品详情页面需要有标签管理的功能，给商品打标签一般采用 3 种方式。第 1 种是人为设定；第 2 种是由用户完成，即在商品详情页面将标签展示出来，用户可以手动添加他们认为合适的标签；第 3 种是程序加人工的方式，如图 5-11 所示，程序部分接入分词算法，当添加商品的管理员输入商品主标题后，分词算法就自动将标题拆分为多个标签，管理员可以选用或删除自动生成的标签，并将所选用的标签作为该商品的标签。

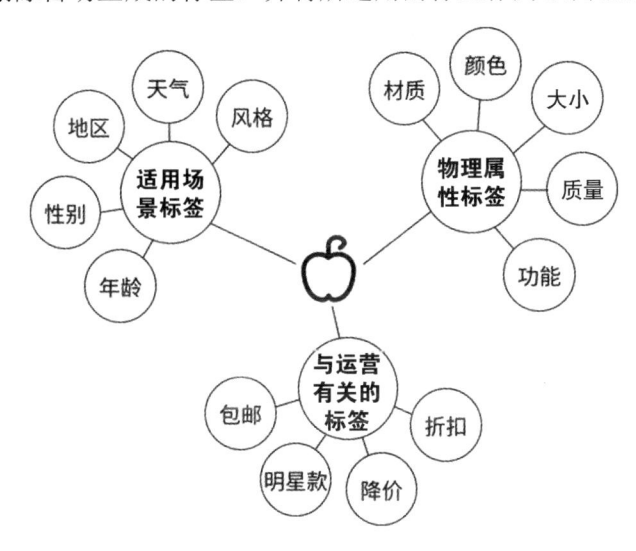

图 5-10　商品标签分类

图 5-11　以程序加人工的方式给商品打标签

复杂的业务标签系统会使用数据建模、模型训练等技术性较强的解决方案。可以将商品标签和商品理解为两个独立的模块，当推荐事件发生时，系统先提取用户过往行为记录，再将这些数据与标签模型匹配，找出共性最多的商品集合并展示给用户。

商品标签是一个标准的工具，在其他应用场景（如社区的图文动态和短视频等）中，也可以按照该方法向用户推荐内容，标签的目的始终是简化用户查找和匹配内容的过程。

5.2.2 多级分组功能

1. 分组功能介绍

1）如何设计分组

多级分组功能在电商类产品中是必备的，用于解决商品品类较多的场景，商品多级分组示例 1 如图 5-12 所示。

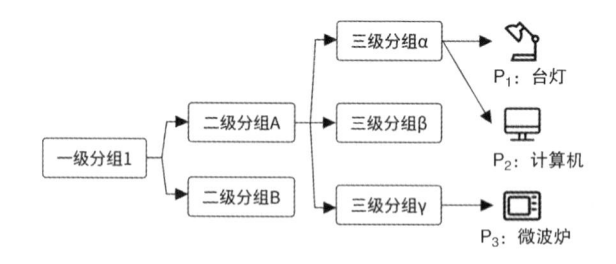

图 5-12 商品多级分组示例 1

在设计分组时，建议不超过 3 个层级。

例如，我们要找到办公楼里的某个人，行动的层级只需要 3 层：第 1 层是确定办公楼的编号；第 2 层是确定其所在的楼层；第 3 层是确定其所在的房间。

对于比较特别的分组场景，可以通过商品标签来细分。在设计层级功能时，不建议兼容一个商品属于多个分组层级的场景，如果是为了曝光，在运营上还有很多办法，而不是使分组内容高度重叠。

第 5 章 电商功能设计

商品分组是很重要的，普通用户在使用 App 时会用到，运营人员在管理商品时也会用到，它与我们现实生活中的物品归类相似。商品多级分组示例 2 如图 5-13 所示。

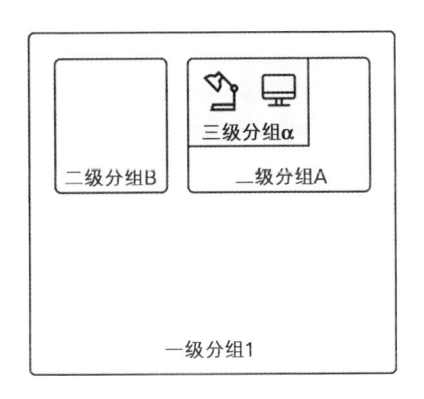

图 5-13　商品多级分组示例 2

2）分组的用途

给商品分组便于进行商品上下架查找、运营绑定、库存盘点等，商品分组的用途如图 5-14 所示，在实际场景中，分组的用途不仅有这 3 种，有些分组是长期的，有些分组则会随运营活动的变化而变化。

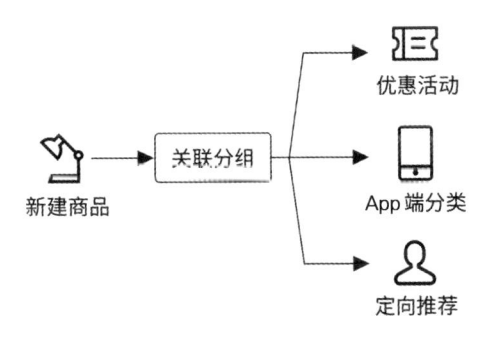

图 5-14　商品分组的用途

2．分组功能后台

在设计分组功能后台时，需要根据业务确定层级的深度，按照从整体到

111

局部的思路划定层级，分组功能后台原型如图 5-15 所示。对于实体商品销售业务，可以先根据功能分组，再根据材质细分。总的来说，在设计分组时要考虑普适性，涵盖的范围应尽量大。

图 5-15 分组功能后台原型

5.2.3 商品管理后台

1. 商品流转原理

商品流转过程如图 5-16 所示，该商品有 4 个状态，分别是出售中、仓库中、已下架和养护中。

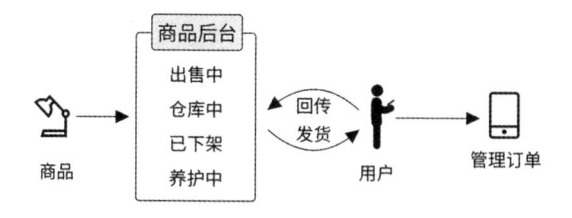

图 5-16 商品流转过程

商品管理后台原型如图 5-17 所示，该项目是奢侈品电商，每件商品入

第 5 章　电商功能设计

库后，都需要经历正品鉴定和质检养护环节，对于有瑕疵的商品，鉴定师会详细记录需要养护的地方，在养护完成后，由估价师对商品重新估价，在完成这些工作后，运营人员才采集商品的图片等信息，并上传到商城售卖。在设计该功能时，需要考虑 4 个要素，具体如下。

商品信息	价格	分组	分类	风格标签	进行中活动	库存（件）	销量（件）	上架天数（天）	创建时间	商品状态	操作
商品编码：BG201907261146 商品名称：经典花纹单肩包 尺寸：18cm×29cm×7cm 颜色：老花	¥2999.00	重奢 老花- 小包	女包	职场 出差	满1000元减70元	90 库存预警	79	34	2023-03-02 13:45	出售中	编辑 下架 人工推荐 数据统计 操作日志

图 5-17　商品管理后台原型

（1）商品编码。

商品编码是 SKU 的"身份证"，便于运营人员和发货人员准确找到商品，在有商品信息的地方都要展示商品编码，做到一品一码。

（2）SKU 单独显示。

在笔者所做的项目中，商品是拆解为 SKU 形式的。例如，一个手提包以 SPU 的形式上架，它有绿色和黑色两种，即两个 SKU，在我们的商品管理后台显示为两条商品记录，便于分别管理。

（3）显示参加的活动。

如果商品有正在参加的活动，则需要在列表中显示活动名称。

（4）库存预警。

在笔者所做的项目中，库存指用户可以购买的总库存，不包含被其他活动占用的库存。该数字的作用是当剩余库存达到预警值时提醒商家及时补货。

2．库存占用原理

库存占用指正常可售卖的商品被其他活动占用，在活动结束后，如果被占用的库存还有剩余，则恢复可售卖状态。库存占用原理如图 5-18 所示。

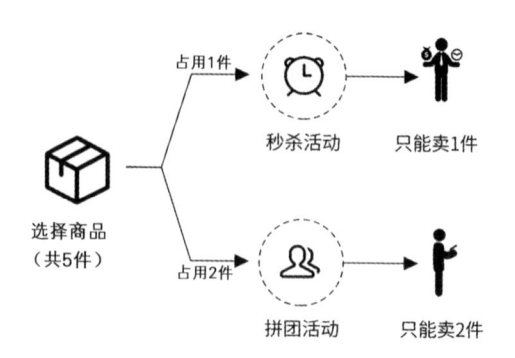

图 5-18　库存占用原理

创建秒杀活动时占用库存的示例如图 5-19 所示。

图 5-19　创建秒杀活动时占用库存的示例

创建者可添加的商品是处于"售卖中"状态的商品。对于所选择的商品，必须显示价格和库存，原价要作为"秒杀价"的参考，线上可售卖库存要作为"秒杀库存"的参考。

占用库存的时机是活动创建成功后。在创建者点击"发布"按钮时，先校验剩余的可售卖库存是否足以参与活动，如果不足则提示管理员，并在商品列表中标记出来；反之，则发布活动并成功占用库存。

5.2.4 仓库管理系统设计

1. 系统介绍

仓库管理系统（WMS）可大可小，在团队资源有限或品类特别复杂的情况下，笔者建议对接第三方 ERP，因为此时仓库管理系统不仅要做后台系统的开发，还要对接外设，如扫码枪、打印机、称重设备等。WMS 流程如图 5-20 所示。下面主要介绍入库和出库环节。

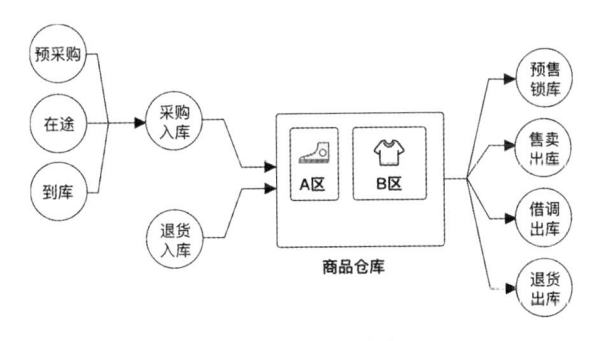

图 5-20　WMS 流程

（1）入库。

入库商品的主要来源是自营商品采购和用户退货，入库商品的状态主要有 3 种，在 WMS 中都需要考虑。

> 预采购：主要发生在大促或预售等场景中。例如，中秋节预售月饼，在未采购商品的情况下，平台可以先发起活动让用户参与下单，当

下单量达到一定的值后再发起采购，这样不仅可以节省仓库的空间和管理成本，还能减少商品卖不完所造成的损失。

> 在途：指采购的商品还在来的路上。2015 年，笔者做过一个生鲜平台，其中车厘子是从智利采购的，需要经过一个月左右的海运才能到广东省，这批车厘子当时就处于在途状态。

> 到库：商品实际在仓库中，可随时上架售卖。对于那些到库时间很长的商品，需要及时销售出去，以提高流通率，避免出现过高的管理成本和商品贬值。

（2）出库。

出库最常见的场景有 4 种。

> 预售锁库：在预售场景中，如果用户下单了，则需要将对应的库存锁定，这类库存相当于出库的商品。

> 售卖出库：在用户下单后没有售后退款，在正常履约的情况下把商品从仓库发出。

> 借调出库：这类场景发生在有多个分仓的团队中。笔者参与过一个项目，供应链是自营加客供的形式，当自营商品卖超后，就在 WMS 中向供应商借调库存，由供应商发货，对应的收益结算给供应商。

> 退货出库：一般发生在残次品退货场景中，该场景下的出库流程与借调类似，不过财务状况不同，需要与供应商谈好，并将残次品打包寄回指定地点，财务在给供应商结算货款时，应扣除退货的那部分金额。

2．仓库商品管理实践

（1）商品库存。

商品的进货数、退货数、订单占有数等是通过出库和入库来增减的，手动修改库存信息很容易出现出入库账单对应不上的情况，从而给财务管理

第 5 章　电商功能设计

带来问题。在设计该功能时，需要考虑以下 3 个逻辑。WMS 商品库存原型如图 5-21 所示。

□	商品编码	商品名称	规格	所属仓库	库存锁定数（件）	订单占有数（件）	安全库存数（件）	进货数（件）	退货数（件）	采购次数（次）	操作
□	ZY93828502345	婴儿纸尿裤	39cm×75cm,白色	杭州市分仓	4823	3843	4000	93821	21	4	查看账目操作日志

图 5-21　WMS 商品库存原型

> 库存锁定：需要提前锁定在售商品库存。在一些项目中，经常有线下地推、展会销售、B 端客户大宗购买等场景，需要提前锁定库存，避免被线上的其他业务卖掉。

> 安全库存：需要长期保证在库的商品数量，设定安全库存的逻辑是结合近期的售卖数据做出预测。例如，为了保证在用户下单后的 24 小时内发货，则将接下来的 24 小时内可能售卖的商品数量视为安全库存数。如果安全库存数不足，则需要及时补货，避免用户已下单却收不到商品的情况发生。

> 库存更新：随着商品的出入库，WMS 中的库存会自动更新，在财务例行盘点时也需要更新，其余时候不建议人为修改库存。

（2）采购入库。

在 WMS 中，采购入库是以订单为单位发起的。采购申请流程如图 5-22 所示。

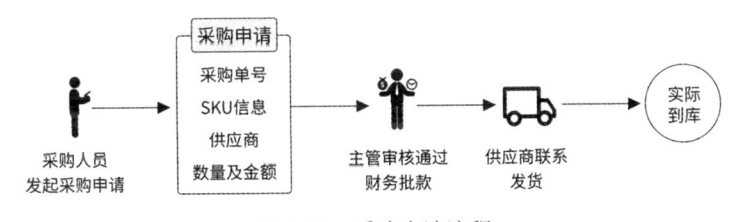

图 5-22　采购申请流程

> 订单内容。

订单内容如图 5-23 所示，订单有 6 种状态：待审核、审核通过、发货中、已到库、待结算、已结算，这些状态是手动修改的，该项目处在初级阶段。较成熟的团队可以把 WMS 做得更智能。例如，在采购订单审核通过后，就在供应商的后台形成一个待发货订单，供应商在发货后，除了需要提供物流信息，还需要上传票据。仓库收到货物后需要由出纳人员和品控人员审核，再将订单的状态修改为已收货。

入库单号	采购单号	供应商	入库日期	状态	操作仓库	入库所在仓	总量(件)	总金额	物流单号	备注说明	操作
RK20190311	392824553	苏星河	2022-12-25 18:16:13	已结算	JX分仓	杭州市分仓	92781	¥284242	1291812	JX分仓补货	查看明细 操作日志

图 5-23　订单内容

> 入库存放。

商品按照 SKU 的存放规则存到仓库中的对应位置，仓库管理员给 SKU 贴上唯一的商品编码，利用扫码枪扫描即可登记位置。

（3）退货出库。

退货场景主要有 3 种。第 1 种是出现残次品，在品控员检查出残次品时需要退货；第 2 种是采购数量过多或停止经营，需要与供应商协商退货；第 3 种是更新换货。当退货发生时，WMS 需要走退货申请流程，退货信息如图 5-24 所示。

退货单号	退货类型	退货状态	操作日期	退货量(件)	退货金额	所在仓	经手人	供应商	物流信息	备注说明	操作
RK20190311	库存冗余	待退货	2022-12-25 18:16:13	92781	¥284242	杭州市分仓	丁春秋	苏星河	1291812	残次品	查看明细 操作日志

图 5-24　退货信息

> 退货出库流程。

第 1 步是由品控人员或仓库管理员发起退货申请，生成一笔"待审核"的退货订单，仓库主管会收到一条待审核通知，审核通过后，该订单会变成"待退货"状态；第 2 步是仓库管理员将退货商品寄给指定的供应商，并将该订单的状态改为"退货中"；第 3 步是该订单对应的款项结清后，出纳人员或仓库管理人员将订单改为"已完成"状态。

第 5 章　电商功能设计

➢ 经手人和供应商。

一笔订单的经手人可以有多个，如采购人员、品控人员、出纳人员，在创建退货订单时可以选择关联经手人。不过，一笔退货订单只能有一个供应商，如果有多个供应商需要退货，则应生成多笔退货订单。

➢ 新建退货订单。

新建退货订单原型如图 5-25 所示。在选择退货的 SKU 后，将其对应的采购记录全部显示出来，退货人员可以选择其中一笔订单进行退货。在填写完退货订单的信息后，还需要选择审批人。

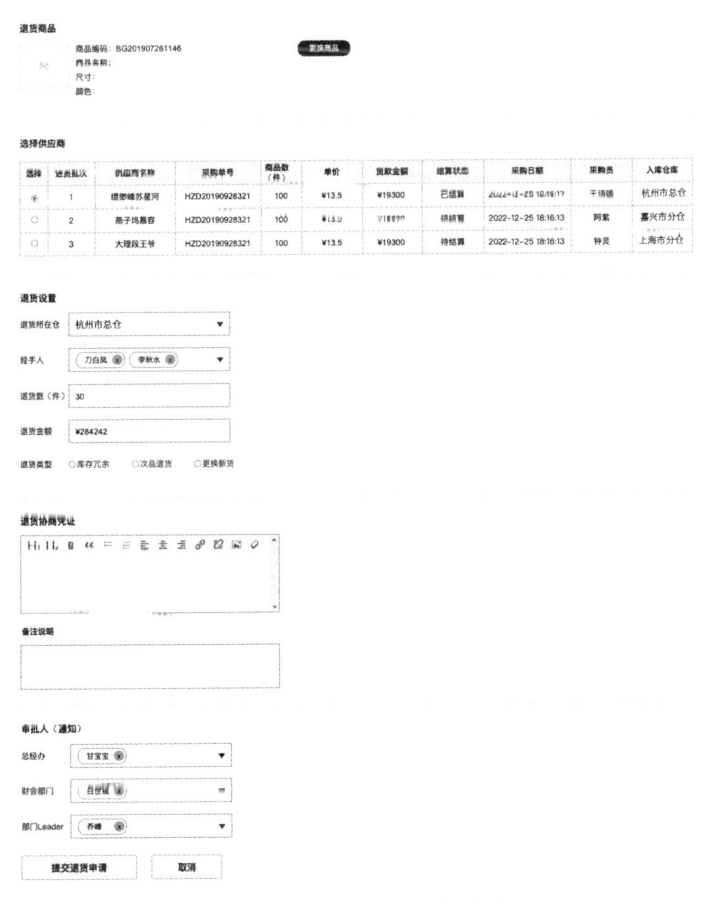

图 5-25　新建退货订单原型

（4）借调库存。

通常发生在当前仓库的商品不足，需要向其他有货的仓库借调商品来发货的情况下。借调库存需要展示调出仓库、调入仓库、数量、经手人等信息。借调库存原型如图5-26所示。

□	借调单号	调出仓库	调入仓库	操作日期	状态	借调类型	经手人	数量（件）	物流信息	备注说明	操作
□	RK20190311	杭州市总仓	TL分仓	2022-12-25 18:16:13	已完成	借货	苗若兰	92841	1291812	库存临时补充	查看明细 操作日志

图 5-26　借调库存原型

借调库存的逻辑比较容易理解，有时借调库存只变更商品在不同仓库中的数量，便于财务结算时分账处理，不需要将商品发到仓库，直接发给用户即可；有时借调库存也需要将商品发到对应的仓库。例如，北京市的团队要搞"地推"，商品A的数量不够，需要从杭州市总仓借调商品，这就需要实际走出库发货流程了。发起借调库存的流程与退货流程类似，也需要生成一笔借调订单，在管理层审核通过后发货。

（5）盘点记录。

库存盘点需要核对仓库物品与仓位对应的最新数据，目的是及时修正库存数据和财务数据。根据盘点结果，我们可以清除被占用的仓位，并处理存放时间较长的商品。

盘点需要由盘点负责人发起申请，在管理层批复后，预约仓库管理员和品控人员的盘点时间。有时也不需要预约，笔者在做生鲜电商项目时，只要仓库有多次商品进出就及时盘点，时间一般是21点。

盘点记录原型如图5-27所示，点击查看明细后，还可以看见本次盘点的SKU及对该SKU的盘点记录。如果库存数有变化，则盘点人员可以修改数据。

□	盘点单号	盘点仓库	操作仓储方	盘点结果类型	操作日期	状态	经手人	备注说明	操作
□	RK20190311	杭州市总仓	LS分仓	手动修改库存	2022-12-25 18:16:13	已生效	苗若兰	每月月底例行盘点	查看明细 操作日志

图 5-27　盘点记录原型

盘点结果主要有 3 类：第 1 类是手动修改库存，盘点人员可根据盘点数据修改当前的库存数；第 2 类是清理库存占位，如某个 SKU 原本存放在某个指定区域，但临时被其他分仓借调出库了，就需要出纳人员和仓库管理员一起去清除这些还被占用着的仓位，避免发生拣货冲突；第 3 类是拣货跳过，一般出现在预采购商品入库场景，盘点负责人可以按照实际盘点的结果来修正预采购商品的数量。

3．订单管理

（1）两套后台的关系。

如果我们自己开发了仓库管理系统（WMS），也有自己的运营后台，那么这两套后台需要及时同步数据。两套后台的关系如图 5-28 所示。

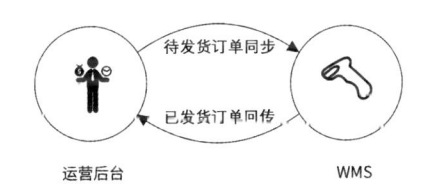

图 5-28　两套后台的关系

当发货人员在运营后台点击"待发货订单同步"后，发货订单才会显示在 WMS 中，在发货完成后，将发货状态同步至运营后台，用户在 App 端就能看到订单的发货状态和物流信息了。

（2）发货流程。

发货流程如图 5-29 所示。

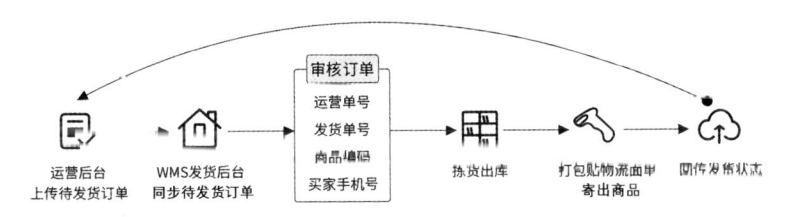

图 5-29　发货流程

➢ 步骤1：上传待发货订单。

➢ 步骤2：同步待发货订单。

对于与 WMS 对接的系统，可以将运营后台的订单同步至 WMS 发货后台，使仓库管理员可以进行批量发货操作。

➢ 步骤3：审核订单。

在 WMS 发货后台可以查看待审核订单，如图 5-30 所示。

内部单号	商品编码	运营后台订单号	下单时间	货物所在仓	应付运费	实付运费	快递公司	买家留言	商家备注	状态
39384737272	ZY93828502345	3827274757322	2023-03-02 13:45	杭州市总仓	¥50	¥50	顺丰特惠	发特惠	修改地址	待审核

图 5-30　待审核订单

需要由仓库的发货人员审核待发货订单，重点审核异常情况，在处理好异常订单后，就可以将订单推送至发货环节了，此时，WMS 会根据待发货的商品生成拣货批次。

➢ 步骤4：拣货出库。

WMS 将 20～30 个订单打包，生成一个拣货批次，如图 5-31 所示。

批次号	类型	拣货员	生成时间	包含商品数（件）	已拣数（件）	未拣数（件）	缺货数（件）	面单打印	状态
2201	一单一件	芒果道长	2023-03-02 13:45	65	34	31	0	已打印	待拣货
2201	一单一件	芒果道长	2023-03-02 13:45	65	42	23	0	已打印	等待出库验货

图 5-31　拣货批次

➢ 步骤5：打包贴物流面单，并寄出商品。

➢ 步骤6：回传发货状态。

只要打印了面单，订单状态就会变为"已发货"。在仓库管理员将发货状态同步给运营后台后，运营后台和用户就能查看物流信息了。

第 5 章 电商功能设计

> **总结**
>
> 本节我们介绍了商品管理主要涉及的两个部分，一是管理商品在 App 端的售卖；二是管理商品在仓库的存放流转。对于第一部分，产品经理需要重点关注商品分组的原理，无论是对于 SPU 还是 SKU，提供独立的标签管理和分组管理功能能够让商品在个性化推荐和被其他业务引用时具备较高的灵活性。对于第二部分，产品经理需要关注线下的流转效率，出入库管理重点要提高仓库管理的准确度和效率，出入库管理不像面向 C 端的产品一样以解决用户的各种需求为重，而是像一个面向物体流通的记账本，追求的是准确和标准化。

5.3 优惠券

5.3.1 生命流程

优惠券的生命流程如图 5-32 所示。

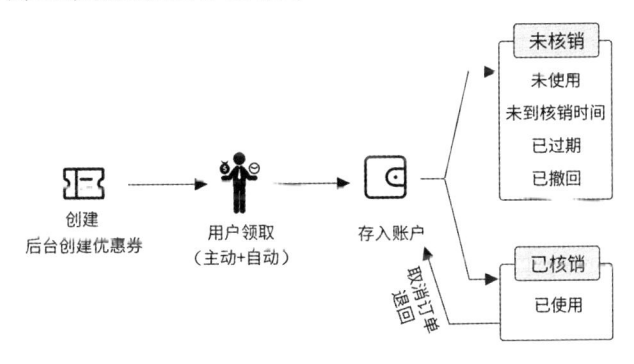

图 5-32 优惠券的生命流程

1. 环节 1：创建

优惠券主要用于拉新和提高用户活跃度。优惠券的创建者可以是平台或商家，在创建环节需要设定优惠券的各种使用规则。

优惠券主要有 4 类，分别是满减券、阶梯券、会员专享券和新人专享券。如果用户下单后需要支付的金额满足满减的额度，就自动使用满减券；阶梯券是满减券的延伸，当用户的订单金额达到某个区间后就可以使用对应区间的优惠券，它的逻辑是买得多送得多；会员专享券仅限持有会员身份的用户使用；新人专享券仅限新用户使用。

优惠券的适用范围主要是指定商家和商品。

2．环节 2：用户领取

用户可以在领取入口主动领取优惠券，常见的领取入口如图 5-33 所示。系统也可以自动向用户发放优惠券，需要告知用户有新的优惠券到账，并引导用户使用。

图 5-33　常见的领取入口

3．环节 3：存入账户

在账户中一般只需要展示有效的优惠券，点击优惠券后应该可以查看可使用该优惠券的商品列表。

第 5 章　电商功能设计

4．环节 4：核销

未核销的优惠券有 4 种状态，分别是未使用、未到核销时间、已过期和已撤回。撤回优惠券主要用于临时调整运营策略的边缘情况，此类优惠券不会展示在用户的个人中心，也不能核销。

优惠券使用及退回流程如图 5-34 所示。

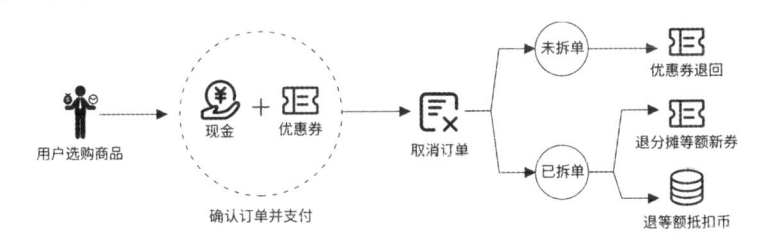

图 5-34　优惠券使用及退回流程

订单确认页面及优惠券选用页面如图 5-35 所示。

图 5-35　订单确认页面及优惠券选用页面

125

在订单确认页面，优惠券不仅可以抵扣商品金额，还可以抵扣运费，甚至可以将两者叠加使用。

5. 环节 5：取消订单

未拆单指在使用优惠券抵扣的一笔订单中，用户取消了所有商品订单，此时会退回用户实际支付的金额和优惠券。

已拆单指当一笔订单中有多个商品时，用户选择部分商品退款的情况，此时需要计算退款商品所对应的金额，并将整张优惠券分摊给订单中的商品（按商品价格在订单总金额中所占的比例分摊），分摊优惠计算如图 5-36 所示。

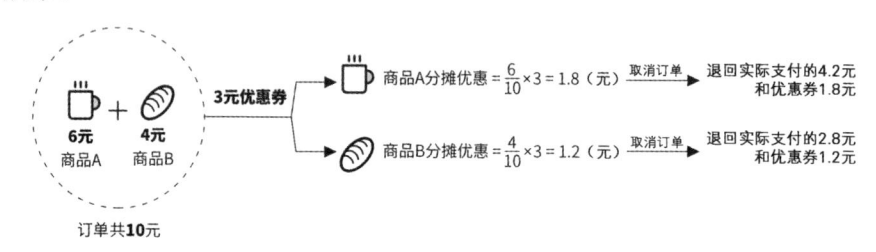

图 5-36　分摊优惠计算

5.3.2　管理后台

优惠券管理后台用于管理已发放的优惠券，优惠券管理后台原型如图 5-37 所示。状态包括发放中、待发放、已结束，其中，发放中状态的优惠券指未到领取时间或可核销时间的优惠券；待发放状态的优惠券指后台已经建立，但还保存在草稿箱，没有对外展示的优惠券；已结束状态的优惠券指已经过了有效期的优惠券。

优惠券编码	优惠券名称	备注	优惠内容	发放/已领取/核销（张）	有效期（天）	创建时间	状态	操作
2838473	铂金会员专享邀请券	分销邀请专用	类型：抵扣券 面额：30元 条件：满100元减30元	923 / 284 / 100	15	2023-03-02 13:45	发放中	编辑 下架 操作日志

图 5-37　优惠券管理后台原型

第 5 章　电商功能设计

后台新建优惠券的逻辑比较复杂，各选项互相牵扯。后台新建优惠券原型如图 5-38 所示。不仅要设置优惠券类型，还要设置时间、用户身份、领取逻辑等。

图 5-38　后台新建优惠券原型

在指定用户身份时，除了要考虑新老用户，还要考虑用户等级及指定部分用户等。例如，在笔者所做的项目中，运营人员会给晒单的用户不定期发放优惠券，鼓励他们丰富商品的信息。

发放行为设置不是必须做的，这是笔者在项目中使用的增长策略，主要想引导用户完成几个特定的动作，如注册、下单等。

适用商品设置原型如图 5-39 所示，管理员可以按商品或按分组勾选优惠券适用的商品。

图 5-39 适用商品设置原型

投放设置的作用是设置优惠券的显示渠道和显示位置，应考虑业务诉求。

> **总结**
> 优惠券是一个开发难度低、用户认知门槛低的功能，其灵活度较高。在设计优惠券功能时，无论是对于 App 端还是对于管理后台，都需要厘清各限制条件之间的关系。优惠券的类型也会影响领取和使用设置。

5.4 购物车

5.4.1 功能目标

对于商家来说，购物车既可以通过为用户提供组合结算的工具来提高用户单次结算的订单金额，又可以在购物车中展示优惠信息，用优惠规则引导用户购买更多商品。

对于用户来说，还可以将购物车作为收藏夹，用户可以将喜欢的商品加入购物车，以便在有购买需求时下单。当购物车中的商品价格发生变化时，平台可以及时通知用户。

在什么时间点增加购物车功能是产品经理经常被问到的问题，在团队资源允许的情况下，最好提前将购物车功能做好，因为购物车可以引导用户单次结算更多商品，从而提高客单价。

5.4.2 项目实践

购物车常常被放在一级导航上，入口的权重较高，因此要考虑购物车无数据、未登录这两种情况。当购物车中至少有一件商品时的功能原型如图 5-40 所示。

图 5-40 当购物车中至少有一件商品时的功能原型

（1）有效商品和失效商品。

失效商品显示在有效商品的下方，可以在商品左侧显示失效原因，右侧显示"找相似"，点击即可进入相似商品列表。

（2）归类规则。

购物车中的商品先按商家归类，再按优惠活动归类。需要强调的是，归类时要考虑商品参与多种优惠的情况，这时应自动按最大优惠归类。

如果同一商家的 2 种商品是从不同的仓库发货的，虽然继续按商家归类，但要分成 2 条记录，所以在购物车中可能会看见 2 个相同商家的列表。

（3）优惠信息。

优惠信息展示在商品列表的上方，如果已选择商品的价格之和不满足活动要求，则用户可点击活动信息右侧的"去凑单"，继续选购商品。

（4）赠品。

赠品显示在商品的下方，需要注意的是，当用户增减商品的数量时，应及时更新赠品的数量。

（5）降价提醒。

购物车中的降价提醒是显示"已降 x 元"的角标，并且可以通过给用户发站内信来提醒。

（6）活动提醒。

如果当前商品还参加其他活动，则可以在商品下方显示活动信息，图 5-40 显示的第 1 个商品正参加拼团活动。

（7）购物车商家排序。

新添加的商品所对应的商家排在上方。

（8）更换 SKU。

已经加入购物车的商品可以更换 SKU，如图 5-41 所示。

第 5 章　电商功能设计

图 5-41　已经加入购物车的商品可以更换 SKU

（9）离线数据同步。

5.5　订单

5.5.1　常规订单

1．常规流程

订单的常规流程如图 5-42 所示。

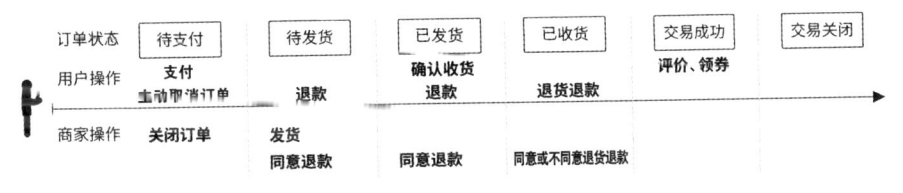

图 5-42　订单的常规流程

常规订单的功能原型如图 5-43 所示。

图 5-43　常规订单的功能原型

如果订单在待支付状态下，系统会为用户锁定库存，锁定的时间是有限的，用户进入订单详情页面便会看到锁定的倒计时，倒计时结束后系统会自动取消订单，并归还库存。在待支付状态下，用户所能进行的操作只有支付或主动取消订单。

在待发货状态下，用户可以进行退款操作，这个功能在订单关闭前一直存在；在已发货状态下，用户可以查看物流信息，可以进行确认收货或退款操作；在已收货状态下，用户可以进行退货退款操作，产品经理可以用优惠券或积分引导用户晒单，引导晒单的文案一般是"评价有礼"。

2．商家后台

常规订单的商家后台原型如图 5-44 所示。

订单的信息要尽量详细，订单号要具备唯一性，所生成订单号的常见格式可以是时间戳+支付方式（1 位）+订单类型（2 位）+分布式锁（4 位）。

第 5 章　电商功能设计

商品	单价	购买数量（件）	实付款	售后	订单状态
订单号：20220605232709107031397223365	下单时间2022-07-23 15:39:31		买家：木婉清 136XXXX3627		
PIC 品牌：品牌名称 商品编号：MG20939883822 商品名称： 商品内码：I938473 风格标签：流行 书包 成色：	售价：¥9283 成本价：¥7000	5	微信支付 服务费：¥230 运费：¥20	无	已付款 查看详情 [发货]
PIC 品牌：品牌名称 商品编号：MG20939883822 商品名称： 商品内码：I938473 风格标签：流行 书包 成色：	售价：¥9283 成本价：¥7000	1			
卖家备注：					修改备注

图 5-44　常规订单的商家后台原型

如果订单中的商品有售后状态，无论处于售后的哪个环节，都需要标记出来。

5.5.2　售后订单

用户在支付成功到订单交易成功的这段时间内，可以发起售后订单。对于实物商品来说，售后流程较长，售后流程如图 5-45 所示。

（1）退款申请：在待发货状态下，用户可以发起"仅退款"申请；在已发货和已收货状态下，用户可以发起"退货退款"申请。

（2）申请审核：此时售后申请已到达商家后台，显示在售后订单列表中。笔者的项目为了增强用户体验，规定商家必须在 24 小时内审核，如果申请发起超过 20 小时商家未处理，则每隔 20 分钟给商家发一条提醒短信；如果超过 24 小时商家仍然没有进行任何操作，则系统会自动将审核状态修改为"通过"。

（3）申请驳回申诉：当商家审核不通过时，用户有一次向平台申诉的机会，平台会判断用户是否申诉成功。

（4）寄回商品：对于退货退款的售后订单，在商家审核通过后，用户需要将退货商品寄给商家。笔者的项目规定用户必须在审核通过的 48 小时内寄回，超时则订单会自动关闭，且不能再次申请售后。

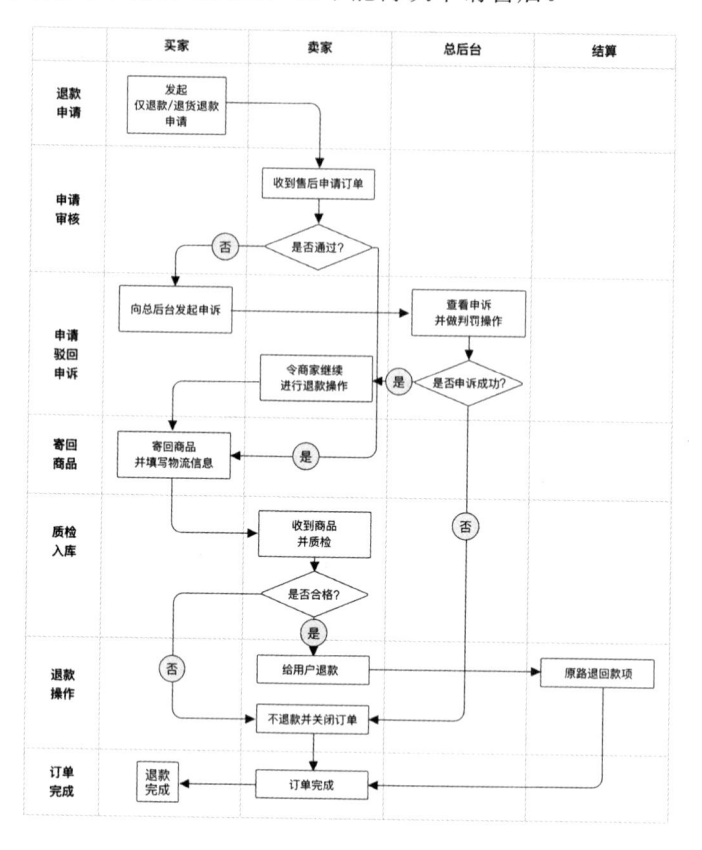

图 5-45　售后流程

（5）质检入库：在收到用户寄回的商品后，品控人员和仓库管理员需要对商品进行质检，查看商品是否影响再次销售。

（6）退款操作：退款可以退全款，也可以退部分款，有时候需要输入短信验证码才能退款，在笔者的项目中，当单笔退款超过 1000 元时，需要输入短信验证码才能进行退款操作。

（7）订单完成：对于一些业务，退款完成后不能及时到账，所以有一个等待的过程，在退款成功后，才能改为"订单完成"状态。

5.6 认识会员制电商

5.6.1 从 Costco 得到的启发

1. 会员制介绍

（1）会员制来源。

目前，被讨论最多的会员制产品应该是美国运通百夫长黑金卡，该卡被称为"卡片之王"。百夫长黑金卡的服务宗旨是无论持卡人身在何处，其任何要求都会得到即时响应与协助实现。

提到会员制电商，不可避免地会提到 Costco（开市客）——美国最人的连锁会员制仓储量贩店。Costco 为持有会员卡的用户提供性价比高的商品。在《财富》杂志评选的 2018 年世界 500 强企业排行榜中，Costco 排在第 35 位，而且 2018 年 Costco 的财报显示，他们 2018 年的会员费收入是 31.42 亿美元。

由于 Costco 的会员模式非常成功，亚马逊在此基础上推出了自己的 Prime 会员，也取得了巨大成功。因此，大部分进入电商领域的团队，都会考虑加入会员模式，短期内是能够带来一定的用户增长的。

（2）会员制特点。

会员制特点是低价购买同品牌同品质的商品。电商的货源基本是相同的，如果向用户强调商品的品质好是很难实现突出的，因此会员制强调的是"折扣"特权。

Costco 的会员卡在有效期内是可以随时退的，不管使用了多长时间，都可以全额退款。会员卡本身类似平台与用户签订的契约，用户愿意购卡就代表愿意选择该平台提供的服务，是在该平台有足够的自信的前提下与用户签订的。但是，对于电商来说，要做到随时退会员卡是很难的，在用户使用前也很难感受到一年能省多少钱。因此，"会员卡可全额退款"映射到电商就变成了购买指定商品开通会员身份，这样用户会觉得购买的商品很划算，同时还能开通会员。

会员制还可以结合三级分销，如"分享赚"，它的基本逻辑是：如果开通了会员身份的用户 A 分享商品给用户 B，在用户 B 开通了会员身份后，用户 B 的每笔订单都会返回一定比例的佣金给用户 A。三级分销返佣层级如图 5-46 所示。

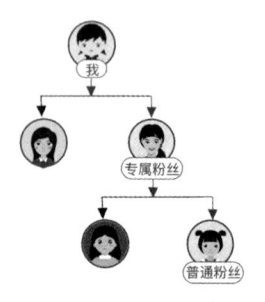

图 5-46　三级分销返佣层级

图 5-46 的目标是表示清楚层级关系，实际上还要考虑星状辐射，读者朋友可以想象一下三级分销的威力，节点上的任意一个用户都能拉来大量用户，因此三级分销一度成为电商产品的标配功能。需要强调的是，分佣只能往上返两级。

2. 会员制电商的模式逻辑

（1）以销售会员卡为主。

会员制电商以销售会员卡为主的模式逻辑如图 5-47 所示，需要通过身份带来的购物价格差异来说服用户购买会员卡。

➢ 购物频次和客单增长。

可靠数据显示，与未购买会员卡的用户相比，购买了会员卡的用户忠诚度较高、消费单数较多。购卡用户是认可平台提供的服务的，如果要购买相

第 5 章　电商功能设计

同的商品,用户会优先查看其持有会员卡的平台。

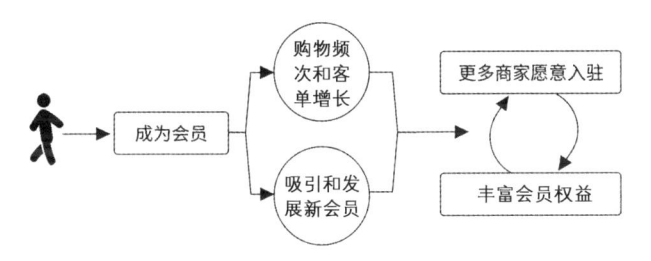

图 5-47　会员制电商以销售会员卡为主的模式逻辑

> 吸引和发展新会员。

老会员的使用时间越长,对产品和服务的认可度越高,他们会有意或无意地发展新会员。另外,很多平台都有类似"邀请开通会员送抵扣金"的拉新策略,以通过老会员拉新。

> 更多商家愿意入驻。

用户数与商家入驻的意愿成正比,用户越多,商家越有机会卖出更多商品。商家入驻平台可以丰富平台的内容、提高平台的服务能力。

> 丰富会员权益。

当有较多商家入驻时,平台可以从不同的维度丰富会员权益。例如,一个出行类商家入驻了销售日用品的会员制电商平台,则可以在会员权益中加入出行特价等权益。实际上,更多商家、更多用户和更多权益之间是一个正向循环,平台发展好某个方面,则其他方面也能同步发展。

（2）始终向用户强调利益。

会员制电商的核心逻辑只有 6 个字:自购省、分享赚。

一方面,会员自购省钱的前提是会员卡赋予打折权益,这种策略一直以来都能有效说服用户成为会员。例如,可以在确认订单页面计算并显示购买会员卡能为本单节省多少钱,也可以在订单支付成功后告知用户节省了多少钱。另一方面,要告诉用户分享了就能赚钱,如可以在商品详情页面显示分享该商品且被分享者购买后可以赚多少钱或获得什么样的优惠券。归根结底，产品目的是通过用户获取用户。

3．会员制电商与传统电商的区别

（1）引流方式不同。

传统电商的引流方式是"广撒网"，采用发放优惠券、满减等运营方式获取用户，任何用户都可以在电商平台上购买东西，大而全的商品结构也能满足用户的不同购买需求。

会员制电商的引流方式是精准营销，通过社群和人找人的方式把具有相同诉求的人聚集在一个圈子内，为这些特定的用户提供服务，商品结构小而精。

（2）转化用户的方式不同。

传统电商对用户的转化依赖优惠活动，各种节日都是传统电商要跟进的，如果没有节日，也可以找出有意义的一天或为某个日期赋予一定的意义，即做活动要"师出有名"，因此会出现各种有趣的活动，如老板生日、老板家拆迁等。

会员制电商对用户的转化依赖特权的扩充和放大，除了自购省和分享赚的逻辑被放大和优化，还可以开辟更多特权，如赠送视频网站的会员资格、出行优惠、酒店优惠、演唱会门票优惠等，甚至还有送贷款利息优惠的。特权越多，越显得会员卡值得购买。

（3）人与货的匹配方式不同。

传统电商是人找货，平台提供了大而全的商品，用户需要自己去平台上找商品。

会员制电商是货找人，用户先产生对某类商品的需求，然后平台基于用户的需求找到商品并出售给用户。这也催生了近年来备受推崇的商业模式F2B2C，逻辑是从工厂到平台再到用户，由用户需求决定工厂的生产，使工厂的整体效率大大提高、资金的流动和管理更加灵活，计划性生产的供应链模式变为"柔性供应链模式"。

（4）用户的开放程度不同。

传统电商是全开放的用户体系，谁都可以成为电商平台的用户并购买商品。

会员制电商是封闭的用户体系，用户只有成为会员才能购买特定的商品。

（5）运营思路不同。

传统电商的运营思路是持续丰富商品，使商品品类齐全，从低到高的价格都能涵盖，尽量实现一站式购齐。

会员制电商的运营思路是持续扩大会员权益，让会员享受更多高性价比的服务。

4. 会员制电商收费的目的

（1）分摊运营成本。

会员制电商的商品是会员低价特享的，低价意味着薄利。会员制电商单品利润组成如图5-48所示。

单品利润 = 商品售价 - 成本价 - 会员省返利 - 分享赚返佣

图 5-48　会员制电商单品利润组成

企业要保证营收，会员卡就是主要的营收来源之一。如果没有会员卡，那就和传统电商的商品价格一样，竞争力相对不足，会员卡的营收可以分摊运营成本。

（2）提高忠诚度。

会员卡的价值如图 5-49 所示。用户在某种程度上被动提高了忠诚度。

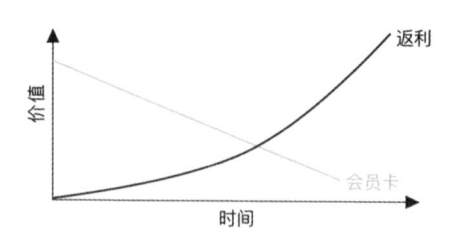

图 5-49　会员卡的价值

购买会员卡本身有沉没成本，刚购买时会员卡的价值在一个最高点，随着时间的流逝，会员卡不使用就会空耗，它的价值不断衰减，因此用户在购物时会优先考虑自身有会员特权的平台。用户的订单越多，节省的钱就越有可能与购卡金额持平，甚至超过购卡金额。

5.6.2　会员制功能设计实践

1．设计逻辑

用户可以通过购买指定商品的方式开通会员身份，享受"自购省、分享赚"的特权。产品经理要考虑清楚特权贯穿全站的流程，分析和规划好用户的关键路径，并在这些路径上引导用户开通会员。例如，在从用户查看商品详情到支付完成的路径上，选择一个节点插入开通会员的入口。引导用户开通会员的4个关键步骤如下。

（1）说服用户购卡。

在功能上要放大省钱的预期，说明购卡后消费所省的钱极有可能大于购卡金额，重点要展示会员权益，常见的策略是在商品详情页面显示和对比会员价和非会员价、在开卡页面显示和对比商品原价和开卡后的购买价。因此，在设计该功能时，需要融入说服用户购卡的策略。

用户在购买会员卡后不能立即体验到会员特权带来的利益，"自购省"需要下单购物才能体现，而赠送视频类、音乐类平台会员等权益是可以立即被用户感受到的。因此，产品经理要考虑需要加入哪些权益，并清晰地展示出来。

第 5 章　电商功能设计

（2）建立优惠预期。

建立优惠预期的方案可以是在开卡页面根据用户画像给出省钱计算器，告诉用户如果他们开通会员，预计在一年内能节省多少钱。建立优惠预期的方案示例如图 5-50 所示。

图 5-50　建立优惠预期的方案示例

（3）实时透出收益。

实时透出用户可能获得的收益会让用户觉得买得多就赚得多。例如，可以在用户选中商品时，在应付金额附近显示会员省钱的数据。

（4）及时反馈收益。

应及时展示待结算的收益，在成功结算后，及时将待结算收益归入待提现收益。

2．功能实践

这里介绍的功能实践与分销有关，用户开通会员即成为店主。

1）开通会员前

一般来讲，可以在用户首次登录 App 时，提示用户开通会员，虽然这个时候用户和 App 之间还没有建立信任，但可以提前告诉用户"成为会员的好处"。可以在个人中心引导用户开通会员，如图 5-51 所示，设计该方案需要考虑两个逻辑。

图 5-51　在个人中心引导用户开通会员

> 逻辑 1：用户如何绑定店主。

分销的原理是通过利益驱动已经成为店主的人发展下级，发展得越多，店主的返利就越高。对于平台来说，意味着拉来了更多用户，在功能上要保证店主拉人的流程是通畅的。新用户在注册时可以填写邀请码，成为该邀请码对应店主的下级。在图 5-51 中，用户昵称的下方有"输入店主邀请码，领新人礼"的提示文案，用户点击后进入绑定页面，新用户绑定成功后就能收到新人礼。

> 逻辑 2：如何成为店主。

在图 5-51 中，未开通会员的用户会看到一个常驻的引导开通 Banner，这里会强调所享有的权益，点击 Banner 即可进入会员开通页面。

2）开通会员中

在笔者的项目中，购买会员身份开通分销的页面始终围绕导购思想布局。开通分销的功能原型如图 5-52 所示，这里需要考虑 4 个产品逻辑。

图 5-52　开通分销的功能原型

> 逻辑 1：店主特权。

在页面顶部显示店主特权，核心还是强调自购省和分享赚，每个特权展示类似徽章的 icon、特权名称、特权力度，如"自购省"的特权力度可以显示"购物享受店主价，最高可享 5 折"。

> 逻辑 2：开通会员需要购买指定商品。

在店主特权下可以提示用户购买哪些商品可以开通会员，这些商品要具有通用性，如家居类、保健类，如果 App 针对的是特定性别的用户，则可推荐对应性别常用商品（如可以为女性推荐美容类商品）。不过这里的数量不必太多，这些商品要具备性价比优势，否则不具备吸引力，商品的信息要重点显示"VIP 优选"等。

> 逻辑 3：店主专享商品。

该板块的目的是提高购买会员身份的成交率，因此明确显示了能省多少钱，以向用户传达店主身份的价格优势。

> 逻辑 4：店主故事。

树立标杆有利于吸引用户。在选择店主故事时，要列出目标用户可能从事的职业，让用户对号入座，通过代入角色来突出预期和现状的矛盾，从而引出解决方案。

在引导用户开通会员的页面上，主要包含上述内容，实际上如果还有其他优势，也可以展示在页面底部，包括图文、视频内容等，这些都是赢得用户信任的关键材料。

3）开通分销后

在用户购买会员身份并开通分销后，App 底部的导航栏会根据店主身份重新分配功能入口。笔者的项目将"精选"换成了"我的店"，开通分销后的页面如图 5-53 所示。此时功能的重点就变为要帮助店主赚钱了，这里需要考虑 5 个逻辑。

第 5 章　电商功能设计

图 5-53　开通分销后的页面

> 逻辑 1：店主信息。

店主信息包含头像、昵称等，重点要显示店主的邀请码，还要提供分享店铺的操作按钮，便于店主将自己店铺的链接分享到其他平台。

> 逻辑 2：数据。

基本数据包含店主店铺的订单数、收益、销售额等，需要根据业务诉求确定是否要显示其他数据。在笔者的项目中，店主主要关心的是店铺的订单数和收益，由于平台有按销售额发放奖励的活动，所以需要显示销售额，

145

以提高店主的积极性。如果销售额进入前 10 名，还需要显示排名。

> 逻辑 3：店主工具。

这里主要介绍 8 个工具。

订单管理：显示订单记录，可以查找已经分销成功的订单，便于店主统计和查账，可以不显示待支付或已关闭的订单。

粉丝管理：店主的粉丝包括专属粉丝和普通粉丝。专属粉丝代表的是该店主自己发展的一级粉丝；普通粉丝是由专属粉丝发展的，对于店主来说是二级粉丝。店主可以在这里查看粉丝的分销订单数、总贡献额，以及粉丝是否开通了自己的店铺等。

店铺装修：在这里可以修改店铺的风格和店铺详情，该功能对于店主来说是一个运营补充，一些优秀的店主会利用介绍信息引流。

店主商学院：店主商学院的目的是帮助店主提高发展粉丝和卖货的能力，提供销售技巧、培训导师演讲等视频内容，店主可以免费观看。

商品素材：商品素材可以帮助那些没有素材生产能力的店主降低门槛，素材由平台的运营人员定时提供。店主也可以发布商品素材，如果被其他店主使用，平台会向提供素材的店主发放补贴，通过利益来驱动其丰富素材库。

营销工具：店主的营销工具只有店内优惠券，该优惠券由店主创建，优惠券抵扣的金额需要从分销的佣金里扣除，即店主创建优惠活动就会损失自己的佣金。

专属助理：专属助理是店主的一对一平台客服，店主遇到任何问题，都可以与其联系。该功能的目的是帮助店主及时排除障碍。

潜在用户：潜在用户是访问了店主分享的商品链接或进入过店主的店铺主页的用户，这里会显示这些用户的基本信息而非联系方式，以避免泄露隐私。店主可以将自己创建的优惠券发给潜在用户。

第 5 章　电商功能设计

> 逻辑 4：限时高佣金推广。

该区域的主要作用是回馈店主，同时也是一个"走量"的有效手段，平台上要走量的商品，都可以通过在后台手动配置佣金来使店主有动力推广这些商品。既然是高佣金的商品，商品信息中就要显示销量和单笔金额，建议 UI 在处理的时候重点突出佣金。

> 逻辑 5：营销素材。

官方后台管理的营销素材主要包括针对某类商品的描述文字、九宫格的推广图等，在素材下方要展示该商品的基本信息，基本信息应重点突出赚取的佣金。店主可以点击"一键推广"按钮将该商品发给好友。

总结

会员制电商的核心逻辑是自购省和分享赚，我们希望引导更多用户开通会员，并为这些用户提供更优质的服务，让他们享受会员身份带来的好处。产品经理在设计分销功能时，需要围绕核心逻辑，以提高店主的分销能力为主。

第 6 章

搜索和消息通知

6.1 搜索

6.1.1 底纹词显示

1. 搜索功能介绍

搜索功能通过引导用户输入特定格式的词，帮助用户快速找到目标内容。初级搜索流程如图 6-1 所示，一个搜索功能至少要包含图 6-1 中的环节。

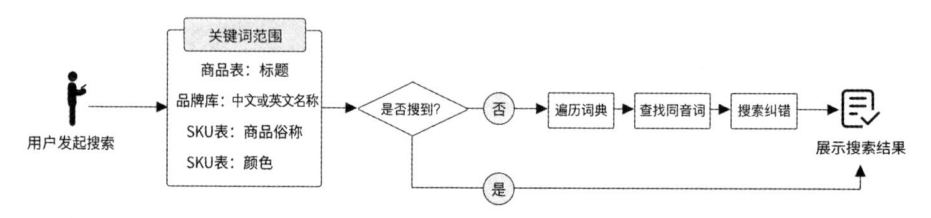

图 6-1 初级搜索流程

搜索功能有两个核心目标：一是引导用户，可以通过提供底纹词、推荐关键词来引导；二是帮助用户找到目标内容，要兼顾用户在搜索前、搜索中、搜索后的使用体验，如果搜索的结果不准确，要为用户提供"筛选"功能，以缩小查找范围。

2．功能实践

1）App 端逻辑

底纹词指在用户没有输入任何内容时，搜索框中出现的词语，底纹词如图 6-2 所示，底纹词可以为指定的目标引流，可以显示商品名称、类目词、品牌词、优惠活动名称等。

图 6-2　底纹词

在设计该功能时，产品经理应考虑底纹词是否需要按用户画像推荐，如果不需要实现底纹词的个性化推荐，则可以在后台统一配置底纹词，这种方案适用于内容少而专的业务。

在创建底纹词时，需要设置向用户展示的有效时间，还需要考虑展示的数量，即考虑是一个时间段只展示一个词，还是以轮播的方式同时展示多个词。大多数电商平台采用轮播展示多个底纹词的方式。

2）底纹词生成方案

➢ 手动添加。

后台的底纹词管理列表可以统计用户的访问情况，如图 6-3 所示，这里除了显示编号、底纹词、类型、展示渠道、上下线时间、状态和操作，还统计了底纹词的搜索人数和搜索次数，产品经理可以根据自己的业务诉求设置内容。生效中的底纹词可以手动停用。

编号	底纹词	类型	展示渠道	上线时间	下线时间	搜索人数（人）	搜索次数（次）	状态	操作
283	周四专享50元购卡券	活动	App	2020-08-15 00:00		35	392	生效中	停用
280	包	商品	App、小程序	2020-08-15 00:00	2020-08-15 23:59	35	392	已失效	

图 6-3　后台的底纹词管理列表

底纹词不宜过长，以便用户在短时间内识别出文字要表达什么。也要规定清楚，底纹词显示在哪几个渠道。底纹词跳转内容的类型有很多，产品经理可以根据自己的需求列出几类，使用时点击添加即可。新建底纹词的功能原型如图 6-4 所示。

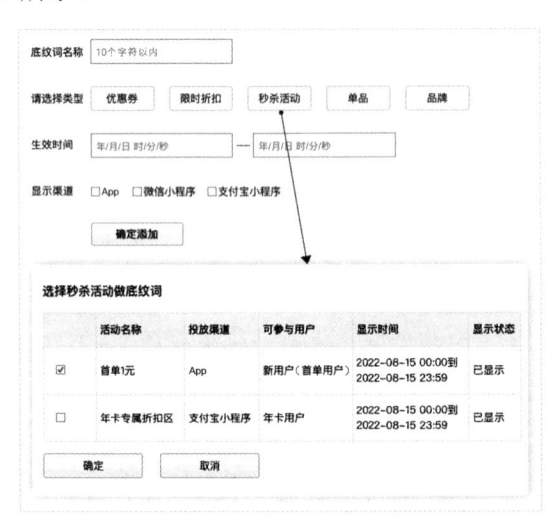

图 6-4　新建底纹词的功能原型

在该实践项目中，笔者展示了将"秒杀活动"作为底纹词的跳转内容，弹窗只展示生效中的活动，需要说明活动投放渠道、对参与用户的限制、活动的有效显示时间等。例如，某个秒杀活动只面向新用户，在设置底纹词时就需要考虑底纹词显示的问题，如果不做限制，则所有用户都会看到该活动,老用户点击后发现不能参与活动,会影响体验。

> 自动生成。

该项目提供了简单的自动生成底纹词方案,并跟进用户的登录状态,进行差异化显示,我们来看一下细节。

在木登录情况下,底纹词显示一个指定的长期活动,如"新会员可享 7 折"。用户点击搜索就可以直接跳转到开通会员页面。

在已登录情况下,根据用户行为将指定的关键词拼凑显示出来,如{品牌}{空格}{商品类别}的拼凑格式。

6.1.2 关键词补全

1. 介绍

关键词补全指在输入第 1 个字后,系统根据这个字自动匹配与之相关的关键词,将这些关键词显示在输入框下方,供用户选择,以简化用户的搜索过程,关键词补全示例如图 6-5 所示。

图 6-5 关键字补全示例

2．功能实践

补全的目的是帮助用户缩小搜索范围，不能带用户偏离目标。要将补全的词分层，如考虑前面两条显示什么、中间两条显示什么、后面两条显示什么，不需要显示很长的补全结果（不要让用户翻页查看）。在设计该功能时需要考虑以下两个逻辑。

1）关键词纠错

如果用户输入的关键词不在平台的内容中，或者用户无意输入了错误的关键词，系统需要显示可能正确的关键词。产品经理不能凭空判断用户输入的关键词是否正确，因此在做搜索功能时要收集用户每天输入的关键词，每隔一段时间就对这些词进行分析，有些关键词看起来是无效或错误的，可以通过研究这类用户最后买了什么、收藏了什么、分享了什么来大概归纳用户想找的内容。纠错的实现方式包括以下两种。

> 算法纠错。

可以利用比较成熟的算法对用户输入的内容进行解析和给出合理的纠错结果。一般来讲，算法纠错包括同音字纠错、多字漏字纠错、形似字纠错。目前已有比较成熟的算法框架，可以二次开发使用。

> 本地词典纠错。

本地词典纠错的逻辑与前面提到的敏感词屏蔽逻辑相似，在统计用户输入的关键词后，找出用户输入词频高且出错率高的词，给这些词建立正确的镜像词。词典管理后台原型如图6-6所示，管理员将用户容易输错的关键词与纠错词对应起来，按照纠错词进行搜索。

2）自动补全

简单的补全方案是以用户输入的内容为前缀词，从指定的范围内找到关键词进行补全。例如，从商品的品类名称、风格标签中查询完整的关键词并补全，再结合用户的性别对补全词进行筛选。更精准的搜索补全功能基于复杂的算法机制，感兴趣的朋友可以自行了解一些人工智能算法的技术框架，如 TensorFlow、Sklearn、XGboost 等，这些了解可以为功能规划带来一定的启发。

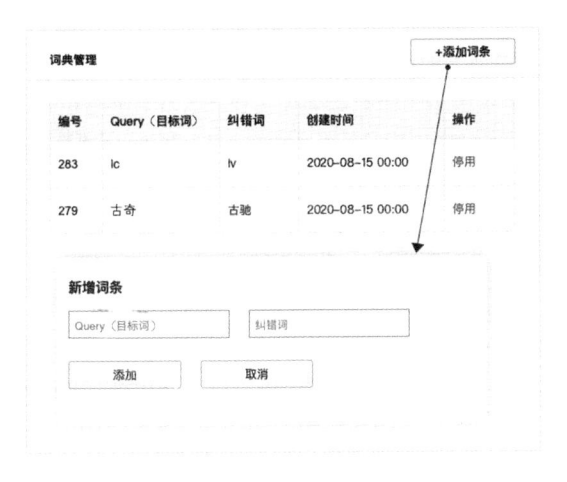

图 6-6　词典管理后台原型

6.1.3　分词和排序

1. 分词

分词即将用户输入的关键词拆分，便于系统准确地找到合适的内容。例如，"二手奢侈品手表"可以被拆分为二手、奢侈品、手表，系统根据这 3 个关键词进行搜索，再根据不同词的权重返回对应的结果。当前，企业可以引用的开源框架越来越多，不需要花费大量资金建立自己的算法。目前国内外都有优秀的分词服务，如 Jieba 分词、百度 LAC、SnowNLP、FoolNLTK 等。

分词搜索匹配的 3 种原理如下。

（1）分词最小化匹配：将关键词拆分为最小单元，将拆分后的词分别与词典中的词对比，在匹配后展示搜索结果。

（2）末位拆分匹配：从最后一个字开始，对关键词进行拆分匹配，匹配不成功就把该字前面的一个字去掉,该原理有点像从完整到细分的维度拆解关键词,再把拆分好的关键词和预设词典做匹配,直到匹配完成。

(3)设置切分标志:将关键词切分。例如,将关键词中的标点符号、拟声词、表情服务等对关键词没有太大作用的内容标记出来并去掉,将剩下的词组成更短、更有效的关键词,再去词典中遍历查找,可以有效缩短查找时间。

还有一些复杂的分词法,如神经网络分词法、统计分词法等。神经网络分词法模拟人脑进行并行分布处理和建立数值计算模型,它将分词和知识分散、隐式地存入神经网络内部,通过自学习和训练修改内部权值来得到正确的分词结果。

2. 排序

搜索结果的排序能直接体现搜索结果的准确性。可以根据关键词的相关性、内容质量、内容的新颖程度、用户画像特征等排序。实际排序时可以选用单一规则,也可以将多个规则集合起来。两种常见的排序方法如下。

1)人为确定规则

由产品经理或管理团队确定排序规则,如搜索结果按商品上架时间、商家等级、用户支付偏好和购买能力等排序。

该方法的优点是商品的曝光有明确的指向性。在笔者的某个项目中,为了鼓励新商家多发布商品,选择将最新入驻的商家、最新上架的商品排在前面。

该方法的缺点是所有用户看见的搜索结果相同,用户需要花更多精力查找符合自己预期的内容。

2)机器学习排序

通过机器学习给搜索结果排序可以避免出现权重不合理的问题。机器学习会为用户每次输入的关键词重新定义权重。例如,用户输入了关键词

A，系统会结合用户画像、商品画像、分词权重显示搜索结果。当用户下次输入关键词 A 时，系统会根据新的画像和权重向用户推荐匹配度更高的搜索结果。

6.1.4 搜索结果纠偏

1. 搜索无结果

如果搜索无结果，不仅需要向用户展示操作结果，还需要告诉用户接下来该怎么办，在设计时需要考虑以下两点。

1）引导筛选

搜索无结果页面示例如图 6-7 所示。

图 6-7 搜索无结果页面示例

该方案通过文案告诉用户找不到有关内容，并引导用户使用筛选功能，扩大筛选范围。使用筛选功能时不会出现找不到内容的情况，筛选项的类别是固定的，且每个类别对应的查找范围都比较大。

2）推荐内容

搜索无结果页面有一个重要使命，即减少跳出。用户搜不到结果会感到沮丧，如果该页面没有好的引导内容，用户可能会直接关掉 App，所以产品策略需要减小用户离开 App 的概率。向用户推荐内容是常见的处理方式，可根据用户画像推荐符合用户标签的商品。我们前面提过类似的场景，如果是新用户或用户没有登录，则可以显示新人专享的低价商品。

2. 结果纠偏和锦囊词

1）纠偏词引导

例如，用户输入的关键词是"鹿邑威"，经过词典对比发现可能存在错字，通过同音词联想的方式找出与"luyiwei"有关的词，系统联想到最合适的词是"路易威"，于是将与"路易威"有关的商品按照指定的排序规则展示给用户，并在页面上方提示正确的纠偏词。纠偏功能原型如图 6-8 所示。

虽然系统提示了纠偏词，但也需要询问用户是否继续搜索原词或使用筛选功能，如果纠偏词与用户需要的内容对不上，用户可以使用筛选功能扩大查找范围。

2）锦囊词

用户在搜索一个商品时，附近会出现一个区块，显示"试试用这些筛选"，下面列出几个标签，标签可能对应某个风格、商品类别、属性特征等，这些词就是我们所说的"锦囊"。锦囊是帮助用户缩小搜索范围的筛选功能，包括类目锦囊、属性锦囊和相关锦囊等。锦囊功能原型如图 6-9 所示。

通常可以将锦囊理解为筛选条件，在笔者的项目中，根据用户画像推荐搜索结果，并根据关键词将与之相关的品类名称、匹配度高的商品标签展示在锦囊的位置，该区域的作用是补充横向"筛选"中缺少的筛选条件。

图 6-8　纠偏功能原型　　　　　　　图 6-9　锦囊功能原型

> 📢 **总结**
>
> 搜索功能很独立，具有完整的产品形态，设计搜索功能的目的是帮助用户提高查找内容的效率，需要考虑默认情况下显示的底纹词、自动补全的关键词等。在搜索无结果的情况下，如果用户未登录，则需要展示推荐内容；如果用户已登录，则需要根据用户画像展示匹配度高的搜索结果。系统还需要为用户提供纠偏功能和锦囊功能，以帮助用户缩小搜索范围，提高搜索效率。

6.2 消息通知

6.2.1 站内通知

1．介绍

站内通知是系统向用户反馈系统状态的一种机制，产品可以设置不同种类、不同内容、不同推送机制的通知，以达到定向营销、精准唤醒的目的，站内通知功能示例如图 6-10 所示。

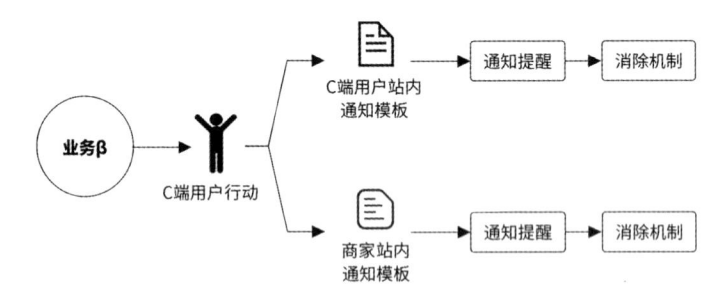

图 6-10 站内通知功能示例

站内消息在不同的业务模块中有不同的通知机制。

消息通知有两类：第 1 类是纯状态反馈类，如被关注提醒，用户了解即可，不需要进行其他操作；第 2 类是需用户操作类，如好友添加申请，用户需要进行同意或拒绝操作。

消息通知要有对应的消除机制，常见的有两种：第 1 种是在用户点击或阅读后消除，如在聊天界面点击或阅读后可消除新消息通知；第 2 种是只要用户进入页面就可以消除所有的消息通知，如在一些社区类产品中，用户发布的内容被其他用户转载后会产生一条"被转载"通知，这些通知会随时间累积而变得越来越多，但不需要一一点击和阅读，用户只要进入该通知列表页面就可以消除了。

2. 站内通知模板

站内通知模板如图 6-11 所示，该模板来自笔者的项目，这里既要通知 C 端用户，又要通知商家。下面从该模板中提炼产品经理需要注意的规则。

编号	业务域	功能	通知时机	通知内容	跳转说明	分发说明	消除机制
1	在线教育	课程砍价	[A1] 当有新用户成功参与助力时	T：您有新的助力 C：{课程名}被您的好友助力啦，去看看是谁吧	点击整条通知后，跳转到助力详情页面	1. 站内信 2. 手机短信	查看则消除

图 6-11　站内通知模板

（1）业务域和功能。

在笔者的项目中，全站的通知都集中在一个文件中进行管理，所以需要标明业务域和功能。对于仅根据功能写通知的平台，列出功能即可。

（2）通知时机。

通知时机不仅要描述清楚发送站内通知的时机，还要详细说明是否需要多次通知。例如，在笔者的项目中，卖家需要在 24 小时内发货，如果超过 12 小时，则系统每隔 1 小时会给卖家发一条站内通知。

（3）通知内容。

通知内容的格式一般是标题加内容，如果在内容中有超链接，则可以点击跳转至相应的页面。

（4）跳转说明。

跳转说明定义了用户点击通知后的跳转规则。一些站内通知仅向用户展示状态或结果，不需要用户点击，如切换设备登录通知；另一些站内通知是需要用户操作的，如会员身份到期提醒，用户需要点击进入续费页面。

（5）分发说明。

很多时候，通知不仅要发到站内，还要以短信或邮件的形式发给用户，这些都需要在分发说明中描述清楚。

（6）消除机制。

消除机制指用户在 App 内将通知变为"已读"状态的逻辑，一般用于完善提醒功能，这里不做详细描述。消息通知的指示器不同则消除机制不同，所以消除机制会在详细的 PRD 中规定清楚，在通知模板中简单说明即可。

3．通知指示器

当用户收到新消息时，系统需要通过不同的指示器展示，一般在相应的功能附近显示通知组件，常见的指示器有 3 种，分别是红点、数字角标和气泡，数字可以标出用户未读或未完成操作的任务数。3 种指示器如图 6-12 所示。

图 6-12　3 种指示器

(1) 红点指示器。

当某个功能有新消息时,在功能入口附近显示一个红点。在图 6-12 中,右上角的设置 icon 附近、读书排行榜入口和关注入口处都有红点指示器。

(2) 数字角标指示器。

在图 6-12 中,底部导航条最后一个入口"我"的右上方,显示了一个红底白字的数字角标,提示用户在该页面下有未读消息。使用数字角标指示器时要考虑 3 条规则。一是一级页面中的数字是二级页面中未读通知的数字之和,如点击"我"后可以看到私信、关注、转发、点赞等通知,有些通知可能不需要显示在"我"的右上角。如果"我"的右上角显示的是多种通知,则任意一个通知消除后,"我"处的数字需要相应减小;二是显示的数字上限,大于上限时如何处理,如上限是 99,大于上限则用 3 个白点代替数字;三是如果数字的位数较多,则可以用带有圆角的长方形代替圆形。

(3) 气泡指示器。

气泡指示器会占据一定的空间,优点是用户点击气泡后可以直接查看新消息。使用气泡指示器时要考虑两条规则:一是消除气泡的时机,使用气泡指示器时消息的重要程度较高,建议在用户阅读后消除;二是气泡上的元素要与消息类型有一定的联系,如邮件通知可以显示信封形状的气泡。

6.2.2 站外通知

1. 介绍

在不关闭应用消息通知的情况下,手机的消息中心每天能收到各种提醒,这就是站外通知,包括聊天消息、活动消息、任务截止提醒等。但站外通知在安卓系统和 iOS 系统中的显示方式存在区别.一是消息路径不同,在 iOS 系统中,消息会先发到苹果官方的服务器,服务器处理后才能到达用户,在安卓系统中,消息会被直接推送给用户;二是显示内容不同,安卓系统可显示的内容较丰富，如安卓系统的消息中心可以显示通知内容中的图片，如图 6-13 所示，iOS 系统的消息中心则不能显示图片。

图 6-13　安卓系统的消息中心可以显示通知内容中的图片

2．功能后台实践

要实现站外通知功能，可以选择一家兼容性强的第三方公司。笔者项目中的推送规则较多，站外通知功能原型如图 6-14 所示，设计该功能时需要考虑的逻辑如下。

图 6-14　站外通知功能原型

(1)推送平台和标题。

可指定推送通知显示在安卓系统或 iOS 系统中,但平台日均推送数量是有限的。例如,不同的安卓系统设备厂商规定了不同的推送数量,产品要根据厂商要求调整运营策略。通知标题是必填的,副标题可以选填,需要考虑字数限制,超出则无法显示,会导致信息缺失。

(2)选择用户。

定向推送的常见场景有 3 个,即无差别推送给全部用户、推送给指定标签的用户、推送给指定 ID,这 3 个场景的精细程度是越来越高的。

(3)推送方式。

笔者的项目会在周一早上定时发放优惠券、在周四下午定时公布会员专享活动等,为了放大这些活动的效果,可以设置定时循环推送。运营人员要设置循环推送的起止日期,选择重复周期和推送时间,"新增循环"用于解决在一天内多次推送一条消息的需求。而对于只推送一条消息且要立即推送的场景,可勾选"保存即推送"。

(4)安卓展开设置。

安卓展开设置可以选择展示纯文本或封面图,如果需要展示封面图,可以在此上传指定尺寸的封面图。

(5)跳转目的地。

用户收到消息并点击后可以跳转到指定 ID 的页面或指定的链接,也可以选择不跳转。站外通知列表如图 6-15 所示。

通知标题	推送平台	选择用户	推送方式	发送状态	推送时间	操作
2周年余吊月活动上线	iOS系统、安卓系统	全部用户	循环推送	未发出	2023-03-02 13:45	编辑 | 详情
[转账]您有300元抵扣金到账	iOS系统	微信支付 华东区	保存即推送	已发出		详情

图 6-15 站外通知列表

站外通知列表需要展示通知的基本信息，并根据通知的不同状态显示不同的操作按钮。笔者的项目根据发送状态将通知分为两类，分别是未发出和已发出。对于已发出的通知，管理员只能查看通知的内容；对于未发出的通知，管理员可以编辑通知的内容。

> **总结**
>
> 　　通知是系统提醒用户及时处理任务的重要机制，不管是站内通知还是站外通知，都承担着相同的使命，是产品必不可少的功能。这些功能可以帮助系统唤起用户，不过，站外通知在安卓系统和 iOS 系统中的展示形式不同，在设计该功能时需要注意一些规则。

第7章

管理技能

7.1 高效能产品经理的管理技巧

7.1.1 产品经理的产出等于团队产出之和

有管理专家说过，公司和组织存在的目的是对抗风险，当具有不同背景和从事不同职业的人聚在一起时，就需要有管理行动发生。在产品落地的过程中，产品经理需要对不同的岗位进行协调和管理，产品经理做出成功产品的前提是他能带领一个成功的团队，产品经理的产出等于团队产出之和。产品经理管理的 4 个环节如图 7-1 所示，这 4 个环节从制订计划开始，以顺时针循环进行。

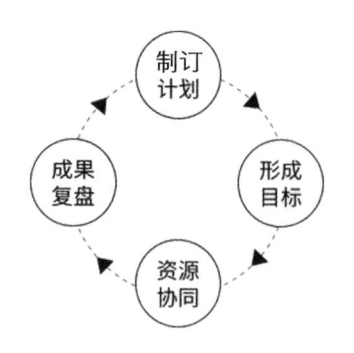

图 7-1　产品经理管理的 4 个环节

1. 制订计划

对于产品经理来说,制订计划的目的是应对不确定的风险。计划有长短之分,如年度计划较长,周计划较短;计划有大小之分,如成为全球教育行业公司前十名的计划较大,成为华东地区最大的在线教育 SaaS 供应商的计划较小。

在制订计划时,耗时较长和目标较大的计划不用太明确,给出大概的方向和范围即可;而对于耗时较短和目标较小的计划,需要给出明确的细节。

2. 形成目标

产品经理需要将计划拆解,形成不同的目标,拆解目标对于产品经理来说是对管理能力的考验,可以从 SMART 原则(明确的、可量化的、可实现的、有价值的、有时限的)中得到启发。一方面,目标必须是有意义的,如能够给产品带来用户增长或营收增长,以及提高品牌的美誉度等;另一方面,目标需要有明确的对成功的衡量指标。例如,目标是提高营收,衡量指标需要明确能赚多少钱。

每个目标的实现过程都对应一套完整的产品管理行动,一个目标的好坏与产品管理行动的好坏对应。将计划拆解并形成目标的目的是告诉团队"我们要去哪里",目标是有方向性的。

给目标设置衡量指标有 3 个作用,具体如下。

(1)解释目标。

例如,目标是"新用户增长 30%",设置的衡量指标可以将目标解释为:通过鼓励老用户邀请返利的形式,使新用户增至 10 万个。

(2)给有相似目标的管理行动提供比较线索。

例如,管理行动 A 的衡量指标是 m,管理行动 B 与管理行动 A 相似,则可以将 m 作为管理行动 B 的成果比较线索,产品经理可据此优化 B 的行动方案。

（3）为产品管理行动提供客观参考。

产品目标、衡量指标、实现方案的关系如图 7-2 所示。衡量指标对产品目标进行监督，而产品经理需要通过衡量指标推出目标的实现方案，实现方案能进一步解释产品目标。

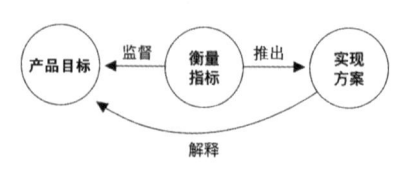

图 7-2　产品目标、衡量指标、实现方案的关系

我们在做任何功能时都要先有目标和衡量指标，没有明确的目标，对工作的安排就会缺少前瞻性；没有衡量指标，就不能判断功能的收益，做出来的产品方案也不一定适合。

先有衡量指标，再确定实现方案是比较有确定性的模式。例如，衡量指标是使商城中所售教程的总体成交额提高 30%，产品经理从该衡量指标出发，列出可能的实现方案，按照其中效率最高的实现方案去做，而不能因为有了某个功能，所以提高某个衡量指标，这属于拿着锤子满世界找钉子。

3. 资源协同

很多时候，产品经理都像在组织一个家庭过日子，家庭成员各有各的目标，如有人想旅行、有人想买新的钓鱼竿、有人想买新车等。但是手头可支配的钱是有限的，如何实现对有限资源的最大化利用呢？这意味着需要将资源投入优先级最高且带来效果最好的事情上，也可以将资源拆分使用（研发同事经常说，产品经理总是见缝插针地给他们安排需求）。

产品经理要想把资源协同好，需要做好以下 3 个方面的工作。

1）明确整体排期

产品经理至少需要明确团队半年的开发排期。

笔者在每年过完春节上班后，都会和老板及各业务负责人确定好当年的开发排期,一般来讲,公司的业务很少会大幅变动,毕竟公司很难把现有的能力平移到一个不同的赛道上,因此功能基本都围绕某些核心业务展开。

在笔者的项目中,教育业务线的需求开发排期如图 7-3 所示。

需求开发排期		3月	4月	5月	6月	7月	8月	9月
普课教育	图文付费专栏							
	音频内容							
	录播视频课程							
	训练营和学习计划							
	付费问答							
真人教培	线上一对一教培直播							
	报表功能优化							
	课程教务系统							
	打卡和作业批改							

图 7-3 教育业务线的需求开发排期

根据图 7-3 这种泳道图,可以明确地知道排期,如果有优先级变动,拨动图中填充了颜色的卡片即可。读者朋友可以根据自己业务的实际情况,确定团队的整体排期。

2)明确开发交付节点

这是见缝插针的环节,产品经理需要明确地知道每个在开发中的功能的交付内容和交付时间。

例如,功能 A 在 4 月 5 日提测,提测后测试人员会根据用例对功能进行验收,此时研发人员就会空出时间,产品经理可以在这个空当与研发人员对接新的需求。

3)合理评估工作量

有效协调资源的前提是能合理评估工作量,在评估环节,应做到客观合理,团队 Leader 不能有差别地压缩时间,开发人员也不能虚报开发所需时间。评估工作量环节需要经验丰富的多方人员参与,保证客观公平。

资源协同意味着产品经理需要将有限的资源发挥到极致,团队不会有无限的开发资源和运营资源供产品经理调用，当我们需要在有限的时间内推进项目落地时，除了争取时间或减少功能，还要把目光放在提高团队效率上，影响团队效率的两个因素如图7-4所示。

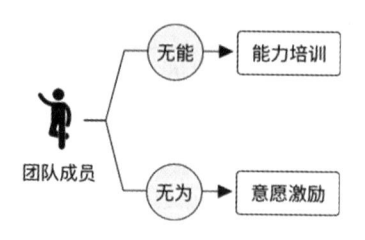

图7-4 影响团队效率的两个因素

无能指团队成员没有能力完成某项任务或所有任务，产品经理可以采用能力培训的方式，通过协调培训资源，帮助团队成员提高能力，从而更高效地完成工作。

无为指团队成员有能力完成工作，但缺少意愿和动力，特别是在产品方向随意调整、原定报酬变化的情况下。产品经理可以力所能及地为团队成员追求确定性，保障权益，还可以启发成员找到工作的意义，让他们发自内心地愿意把事情做好。可以营造积极奉献的氛围、设置清晰且可实现的小目标、与成员一起定好完成目标的时间等。

4．成果复盘

复盘是检验产出的一个常规环节，能提高团队效率。产品经理发起复盘时，需要关注以下3个要素。

1）复盘的目的

- 检验项目是否符合预期。
- 发现问题：在实现目标的过程中，参与的人越多、流程越长，越有可能暴露问题，复盘的时候要把这些问题找出来，让团队成员都能从中汲取经验，在推进项目的过程中避免踩坑。
- 找出推进过程中的亮点行为：找到在实现目标时有积极和放大

效果的行为，从中提取清晰的方法论，为后续工作提供有价值的参考。

复盘思维像团队能力进化的催化剂，不仅适用于团队，还适用于产品经理自己，我们需要从过往事件中找出能避免再次犯错的行为模式，总结得到能获得较好结果的方法论。

2）复盘的时机

复盘的时机建议选择在一个项目实际结束后。例如，我们给在线自学课程增加了学习社区功能，要验证该功能是否成功，则需要在该功能自然生长和运营推动一个周期后启动复盘。如果上线一个抽奖拉新活动，目标是增加 10 万个用户，在活动结束前，日增长数据很难有明确的增长规律，可能在活动上线第一天就实现目标，也可能在活动结束的前一天才实现目标。

在项目推进的过程中，可能会多次迭代。对于抽奖拉新活动，起初文案是"立即抽奖"，运营人员觉得可以将文案修改得更具引导性，于是改为"领 1 台空调"，结果用户快速增多。需要注意的是，这种在项目推进过程中出现的小的迭代不能算复盘，这里再强调一下，需要在项目实际结束后开始复盘，这样得到的经验和教训才更加客观。

3）复盘的 2 个方法

➢ 验证结果的完成度。

直接对比项目营收（或用户增长）的实际值与计划值，如果完成度较低，则要想好接下来怎么弥补。笔者参与过一个创业项目，在该项目中，本月的营收直接关系到团队下个月是否能够继续走下去，所以当完成度较低时，需要采取一些办法来平衡目标无法实现所带来的风险。

➢ 还原过程。

依结果逆推项目的过程需要所有人参加。第一，要找出阻碍项目推进的行为，及时与团队沟通优化方式；第二，要找出在这个过程中表现较好的成员，把好的行为提炼出来，为后续工作提供有益的参考。

7.1.2 高效沟通的技巧

1. 确定沟通目标

读者朋友可能注意到，招聘产品经理的要求中有一条是关于沟通能力的，一般描述为"具有较强的表达和沟通能力"。在项目落地的过程中，产品经理具有很重要的作用（保持目标统一），应能准确理解需求方提出的要求并传达给 UI、研发、质量保证、运营、客服的相关负责人，保证他们迈向同一个目标。

产品经理日常工作中的一项重要内容是参与高频且内容不重叠的会议，产品经理不仅要管理好各方预期，还要保证自己的时间足以处理当天的事情，这就需要实现高效沟通，高效沟通的 3 个步骤如下。

1）明确沟通目标

在一个忙碌的下午，笔者在全神贯注地完善"秒杀"需求文档，老板突然出现在身后，叫笔者去会议室和几个同事讨论一个比"秒杀"更好玩的功能，但是没有设定到底讨论什么样的玩法。可想而知，这样的会议不仅效率不高，还可能会推翻正在开发的功能，团队已经付出的努力就白费了。在这样的场景中，笔者会通过对话帮助与会人员设好沟通目标。

笔者：老板让我过来和大家一起讨论一个玩法丰富的运营功能，方向是什么呢？（注意：绝口不提比"秒杀"更好玩的功能这种说法，否则与会人员可能直接商议推翻正在开发的功能。）

A 同事：是的，我们主要是觉得秒杀功能的拉新能力差，想一起讨论一下是否有更好的运营功能。（注意：抓住对方的关键词"拉新能力差"，对方关注的是拉新能力，还没有想好具体功能。）

B 同事：嗯，我们都觉得秒杀太单一了，我觉得"砍价"这种功能的玩法比较丰富。（注意：对方只强调玩法丰富，却没有明确的目标，没有说明为什么要玩法丰富。是为了拉新还是为了提高购买转化率？没有目标就开发功能是不合理的。）

类似的对话会持续下去。

笔者：我听下来是这样的。大家反复提到的一个词是"拉新能力"，认为"秒杀"功能的拉新效果可能没有其他功能的效果好，这个问题我也关注到了，要不这样，我们接下来就围绕"提高拉新能力"这个目标去讨论，这样我相信能找到更好的方案，A 同事觉得怎么样？（注意：首先，把高频的词或大家关注的目标提炼出来；其次，特意点出某个人，表明你赞同他/她的想法，并且你在提炼的是他/她的结论，你们是一个阵营的人，为自己争取话语权；最后，把问题抛给与会人员，你只是给出一个选项，不代表你命令别人这么做，产品经理要关心别人的诉求，表明自己关注对方，这样才能顺利地沟通。）

2）在沟通过程中保持话题一致

正如前面提到的讨论话题，每个人的发言主题可能不同，当产品经理和大家定好沟通目标后，所有的发言都要围绕沟通目标。

老板：关于这个分享出去的文案，我分享给微信好友时标题被截掉了，结果收信者根本看不明白这个分享内容是讲什么的，这种体验太差了。

这里直接带歪了话题，可能接下来就会讨论全站分享功能要怎么做及分享的重要性等。这个时候，产品经理如果想保证会议的质量，就需要将该话题打断，明确这些问题已经记录在需求池中，将在某次会议中会定好方案，预计什么时间会改好上线，让大家继续回到对秒杀拉新话题的讨论。

3）总结结果

阶段性地总结讨论结果可以使讨论聚焦在主要话题上。例如，在讨论 30 分钟左右时适当提醒："我们已经讨论 30 分钟了，我觉得我们可以继续围绕 A 想法来收缩讨论"。既能强调时间，又能避免有人把问题放大。

几乎所有的沟通都可以按照这样的步骤进行，先明确沟通目标，在沟通过程中保持话题一致，最后总结结果，并在保持大家认知统一的情况下去推动执行。

2. 关注事而不关注人

如果过分关注人，沟通信息可能被情绪左右。

1）明确责任

明确各角色在沟通中的责任。例如，请技术人员参加是想了解某个产品方案的技术可行性，请运营人员参加是想了解运作预期和上线节奏建议。如果一些人的发言偏离责任，可以适当打断发言并明确对方的责任，以保证沟通顺利进行。

2）复述事实和目标

复述事实可以引起重视，把大家拉回主题。例如，A 同事的发言没有表述自己的建议和方案，而是有攻击 B 同事的现象，这时可以复述本次会议的目标是讨论清楚 C 功能的实现节奏。

3）关注方法

> 从环境出发。

通过了解当前发生的事实及与会人员的感受来分析外部环境的影响，分析在这样的情形下每个人关心的问题是什么，以及他们想得到什么样的答案。

> 从个人动机出发。

根据个人动机沟通对应的问题可以避免沟通内容被情绪影响。

7.1.3 口头沟通的原则

1. 避免沉默

在沟通过程中，与会人员选择沉默的原因主要有 3 点：一是上级的影响，如在某次需求会议上，老板要亲自主导，如果遇到特别强势的老板，某个人的提议被否决后，其他人可能就不愿意继续表达自己的想法了；二是个体的观点被孤立，如果某个人的多次表达都得不到回应，则他可能会选择沉默；三是群体影响，如果会议上的绝大多数人都选择了沉默，则我们可能也会选择沉默。

长久的沉默可能会导致一些成员产生厌恶情绪和无法融入团队。

产品经理应尽量使团队成员都能管理好自己的情绪，并冷静地落实工作。在前期要多鼓励表达，产品经理可以主动了解成员的想法，充分听取对方的建议。

2. 开口沟通的原则

每个人都讨厌听废话，特别是基于协作建立的同事关系，重点是要把事情讲清楚。因此，开口沟通时要围绕核心问题，表达客观、语言简练。重点要注意以下 4 个原则。

1）准确描述问题

准确描述问题的前提是不夸张或不模糊事实。

某个三级分销功能上线后，运营部要手动给几个指定的意见领袖开通分销特权，技术人员在后台为指定的账号开通了分销特权，每个意见领袖都获得了一个由 6 位数字组成的邀请码，但这些邀请码都是随机的，所以就有一些用户问是否能手动修改邀请码，改成他们喜欢的数字。

运营人员在一次需求会议上表达了用户对修改邀请码功能的需求，但是我们实际调研一些用户就会发现，大多数用户的需求是不要改邀请码，因为他们已经在一些社区或平台上放了自己的邀请码，如果邀请码改了，他们之前的努力就白费了。

在这个案例中，运营人员没有准确描述他们遇到的问题，他们面对的需求仅仅是个案。因此，运营人员应该描述为"有意见领袖说，希望能将自己的邀请码修改为自己喜欢的 6 位数字"，这样才能准确地向团队传递信息。

同理，产品经理在传递信息时，也要表达客观事实。

2）接受质疑

在沟通过程中，会出现挑战的声音、质疑的声音，产品经理应做到实事求是，在自己欠考虑的场景下或在不完善的方案被质疑时，客观地接受改进建议并承认自己没考虑好。笔者见过产品经理硬撑的场景，结果是越往下聊就越偏离主题。因此，在被质疑时应认真思考对方的质疑是否有道理，如果合理就采纳，这样不仅能完善需求，还能体现自己的胸怀，有利于团队团结。

3）记录在案

尽可能记录每个问答，以便我们在会后提炼有用信息，特别是需求评审会议，在这类会议上沟通的问题会比较散，数量也多，记录下来可以保证不遗漏重要信息。

4）会后反馈

会后反馈一般与会议记录类似，对于产品经理来说其实更像二次修改确认的过程，在会议上可能定下一些有争议的产品细节或产品方案，要将这些内容整理好，以邮件的形式发给所有相关人员，让每个人都能对齐信息。

> **总结**
>
> 产品经理的管理技能由计划和沟通两个部分组成，在做计划时需要拆解目标，并通过聚合团队成员来达成目标，而沟通则体现在产品经理实现目标的过程中，提高沟通效率需要有一定的技巧。例如，口头沟通的前提是避免沉默，在沟通的过程中要准确描述问题，将过程记录在案并做好会后反馈。这样才能保证产品经理的产出效益最高，因为产品经理的产出等于团队产出之和。

7.2 需求优先级的判断方法

如果需求的优先级不明确，在实施过程中被人随意修改，则团队成员可能会变得沮丧甚至失去动力。产品经理必备的基础技能之一就是需求优先级的判断和管理，如何判断需求的优先级呢？

1. 四象限法则判断优先级

四象限法则是由著名的管理学家史蒂芬·科维提出的，四象限法则如图 7-5 所示。

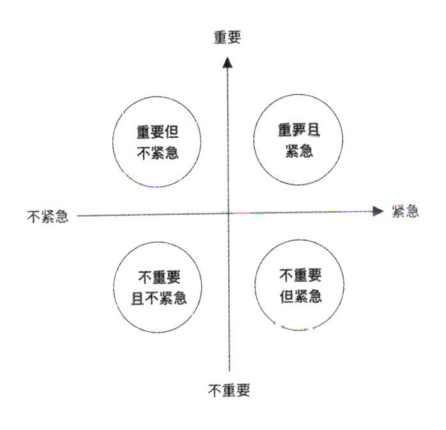

图 7-5　四象限法则

1) 重要且紧急

该象限对应的任务是需要准时完成的，应在规定好的时间内交付，否则可能会带来较坏的影响。

2) 不重要且不紧急

该象限对应的任务大多是琐碎的，做不做都不会有太大影响，如增加一个与现有业务无关的功能或花时间重构一个低频且不重要的功能等。对于产品经理来说，尽量不要做类似的任务。

3) 不重要但紧急

该象限对应的任务具有很强的欺骗性，虽然需要马上行动，但是如果不采取行动也不会带来较大的负面影响。因为这类任务有时间限制，所以会让我们产生它很重要的错觉。

4）重要但不紧急

该象限对应的任务在短期内不影响当前发展，但在未来的某个时刻会有重要影响，这类任务需要付出长时间的努力才能见到效果。例如，电商类应用为了提高用户的回购率，开始做积分系统；人们为了保持健康而锻炼身体等。此类任务的目的是预防问题发生。

2．三分法判断优先级

笔者在这里分享一个简单的优先级管理方法——三分法，如图 7-6 所示。

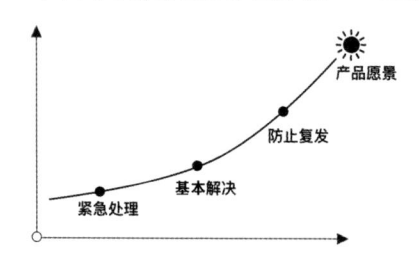

图 7-6　三分法

每个产品都有产品愿景，要保证所有的需求都是朝着愿景出发的。

1）高优先级：紧急处理

紧急处理类的需求有两个特征：①影响核心功能的使用；②影响利润和收益。

2）中优先级：基本解决

基本解决类的需求主要有 3 种。第 1 种是优化类，如我们做了一个社区，现在已经有了用户发布动态的功能，接下来为了鼓励用户之间有更多的互动，我们需要做一个引导用户关注活跃用户的功能，这是遵循产品发展节奏的需求；第 2 种是补充类，其能对现有的功能进行补充，让用户的使用体验更好，或者使业务出现小幅提升；第 3 种是新增类，一般是不太重要的，其不涉及太大的改动或太多的开发量，但出于特殊原因，需求方要求团队把功能加上，新增类需求会按照时间排优先级，顺序到了就投入开发。

3）低优先级：防止复发

防止复发类的需求应具有前瞻性。笔者曾遇到秒杀活动的后台架构性能不好的问题，每次做活动都需要客服人员和运维人员待命，因为出问题后要立刻向用户解释，并且要通过扩容服务器和带宽来解决当前的问题。这就需要从架构上重新规划，如果不彻底解决，问题会一直出现。

还有一种出于战略考虑的需求。例如，我们做了一款办公软件，当用户数达到一定的值时，就可以规划接入保险类功能，以及做金融类功能了。这些是战略性需求，它们都是重要但不紧急的，并不是立刻要做，但必须规划起来。

三分法是笔者在工作中常用的方法，用这种方法的优势是不需要培养团队成员对四象限法则的使用能力，每个人对重要和紧急的定义可能不同，一件事在同事 A 看来很紧急，但同事 B 觉得不紧急，因为四象限法则中的衡量词语是没法具体量化的。

在高杉尚孝所著的《麦肯锡问题分析与解决技巧》一书中，有一个根据风险偏好类型做决策的方法可供参考，这个方法也可以给优先级管理提供一些启发，风险偏好决策示例如图 7-7 所示。

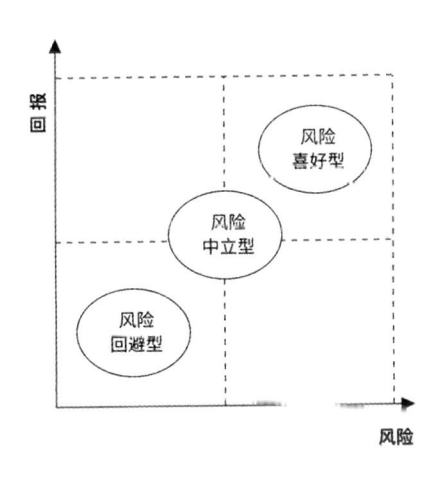

图 7-7 风险偏好决策示例

作者的用意是阐明不同的人在依据风险和回报的比例做决策时的参考方式。有人喜欢采取风险高但回报也高的行动，有的人比较保险，喜欢采取回报和风险都低的行动，作者在书中结合了具体场景，这里不进行详细介绍，我们只需要从中借鉴管理需求优先级的方法。

> **总结**
>
> 无论是喜欢使用比较科学的四象限法则还是笔者总结的三分法，在管理需求优先级的过程中，读者朋友都需要结合自身的业务来做决定，凡是影响用户体验和交易的功能都具有高优先级，应该优先解决，剩下的就要按部就班地进行日常排期并适当规划需求了。

7.3 产品生命周期及其 4 个阶段的特征

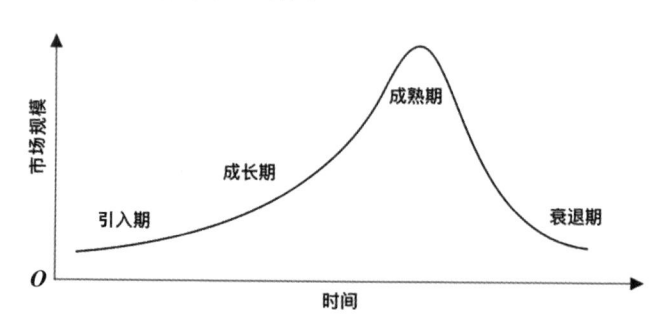

1. 产品生命周期曲线

产品生命周期曲线如图 7-8 所示。

图 7-8 产品生命周期曲线

产品生命周期理论是由美国哈佛大学教授雷蒙德·弗农（Raymond Vernon）于 1966 年在《产品周期中的国际投资与国际贸易》中首次提出的。弗农教授认为产品也是有生命周期的，这种周期形式与人的寿命类似，要经历引入、成长、成熟、衰退这样的阶段。

当根据产品生命周期曲线判断一个产品所处的阶段时,需要结合市场体量。例如,某个产品所处领域的市场份额是 100,这个产品在经历残酷的竞争后把市场份额做到了 100,这时该产品的销售额和用户量已经不增长了,但这并不意味着该产品进入了衰退期,该产品可以通过拓宽服务内容来获取其他领域的用户。

2. 产品生命周期分析

仅通过产品生命周期曲线分析市场规模是不够的,尤其是对于互联网产品,问题会复杂得多。产品生命周期曲线中不同阶段的特征如图 7-9 所示。根据这些特征,我们可以发现能改善的地方和新的机会。

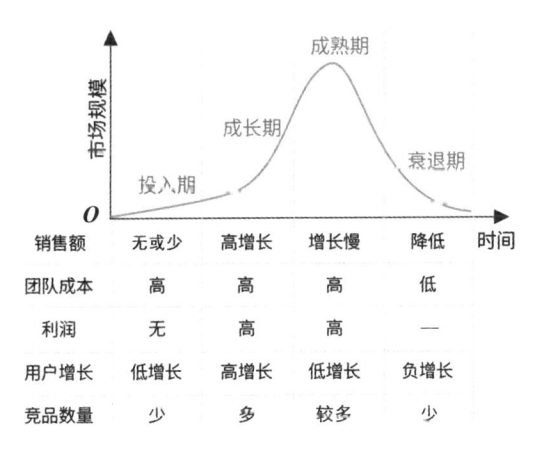

图 7-9 产品生命周期曲线中不同阶段的特征

1)引入期

引入期指产品在经过一段时间的研发后投入市场的初级阶段,引入期的特征如表 7-1 所示。

表 7-1 引入期的特征

销售额	刚投入市场的产品一般功能不完善,大部分产品把核心功能做完就投入市场了,销售额低甚至没有
团队成本	此时的成本主要是人力成本和运营成本,公司为了拉新,不得不投入大量的补贴和运营费用

续表

利润	该阶段几乎不盈利
用户增长	除了少数追求新奇的用户，很少有实际购买者
竞品数量	这个阶段的竞品数量很少，产品刚投入市场，这个行业中的头部产品已经遥遥领先了，头部产品不算我们的竞品，可以学习其成功路径

引入期产品的功能不完善，甚至其服务不能闭环。在引入期，产品经理的第 1 个工作重心是验证用户增长是否能成立，这意味着需要不停地寻找目标用户群的特征和发掘他们的需求；第 2 个工作重心是验证营收增长是否成立，即需要验证用户是否愿意为我们的产品或服务付费，以及用户付费的意愿区间。

2）成长期

进入该阶段意味着产品功能已经具备了较高的完成度，并在市场上占有了一定的份额，成长期的特征如表 7-2 所示。

表 7-2 成长期的特征

销售额	销售额持续增长
团队成本	此时会因业务增长而扩充团队成员，特别是技术研发人员，团队的固定成本也会提高
利润	整体利润取决于团队是怎么划分的，如 60% 的利润用于产品开发，20% 用于广告投放和运营补贴，剩下的 20% 作为固定资金
用户增长	此时用户已经知晓并接受了产品，用户增长速度较快
竞品数量	该阶段可能会有大量的竞争者，并且竞争者在学习成功的经验后，能把自己的产品快速投入市场

在成长期，产品经理的重要目标是降低获取流量的成本、放大产品的核心功能，以便与竞争者拉开差距，这个阶段主要拼的是各方面的效率，包括资金投入的效率、获取用户的效率、产品功能的使用效率等。

3）成熟期

成熟期产品的用户数和市场规模增长趋于饱和，增速放缓，成熟期的特征如表 7-3 所示。

第 7 章 管理技能

表 7-3 成熟期的特征

销售额	此时产品极有可能已经成为这个领域的头部产品了,销售额增长出现瓶颈
团队成本	团队成本是最大的支出项,维持产品现有的业务和用户体量需要大量的技术人员,其他职能部门的规模也不小,推广等费用居高不下
利润	整体利润高,毕竟占有一定的市场份额
用户增长	新用户增长不明显,甚至会出现老用户流失的情况
竞品数量	竞争者会增多,他们学习了成功的产品成长经验,能够快速投入市场和获取用户,蚕食市场份额,直接导致头部产品获取用户的成本提高

在成熟期,产品经理的主要目标是寻找新的增长点,在用户增长和业务增长方面拓展业务线。例如,所做的电商平台已经成熟,可以拓展物流、货物生产等业务。

4)衰退期

衰退期产品会受外部环境和市场的影响,可能既不能解决新用户的问题,又不能满足老用户的需求。衰退期的特征如表 7-4 所示。

表 7-4 衰退期的特征

销售额	产品的销售额不会太乐观
团队成本	此时可能出现裁员或被并购的情况,人员成本还是最大的支出项,但与成熟期相比已经不高了
利润	需要进行区分,交易利润可能很低,而一些纯技术类产品还可以继续收取服务费
用户增长	负增长
竞品数量	此时市场上的产品已经经历过末位淘汰了,竞品数量很少,能留下来的非入拿到了投资,要么已经占据了主要的市场份额

在衰退期,产品经理的主要精力用于寻找新的方向,用户离场和业务停滞导致公司无法继续运营该产品,一般来说公司会选择放弃该产品,能卖掉就打包卖给其他公司,卖不掉就原地解散,创业是很残酷的,笔者的创业经历可以很好地证明这一点。

3. 关于产品生命周期的思考

人在不同的阶段有不同的观点，在目前的阶段，笔者对产品生命周期的看法是类似人的一生。

有一个关于月饼的笑话：小时候我们对月饼感兴趣，稍大一些我们对嫦娥奔月的故事感兴趣，再大一些我们却对兔子感兴趣，一个产品在用户眼中的形象变化也是相似的道理。这样的结论可能与年龄无关，但与用户的经历和所面临的压力有关。

1）引入期和成长期

无论是刻意规划还是意外面世的产品，在该阶段的功能都不复杂，它就像一个小孩，所有的尝试都是好的，都能够给产品提供足够多的材料去成长。因此，产品经理在管理该阶段的产品时，不需要刻意克制探索的做法或刻意模仿其他产品，而是可以充满好奇心地尝试，如果在开始时就想太多，反而会画地为牢。

2）成熟期

成熟期的产品特征是稳定增长，功能开发节奏变得稳定。在该阶段，笔者认为"少犯错好过多做决定"，成熟期的产品就像积累了很多经验、背负了很多责任的中年人，中年人的生活经验和工作经验相对固定，做大的变动的风险很高。

在成熟期，一些产品经理时不时会怀疑自己的方向，关于这点笔者有两个感受。一是产品需要时间去运作和检验，很多事需要坚持较长时间才能看见结果；二是换方向意味着重新开始，笔者在做每个新动作时，都需要与前面的动作连接起来，新动作是前面的动作的延续，这样可以放大过去积累的经验的效用。

3）衰退期

衰退期并不意味着产品做不下去了，笔者倾向于将该阶段理解为当前业务无法增长了。但如果产品的营收和用户数都在减少，可能真的是在衰退,这样的产品基本只能考虑换方向。

> **总结**
>
> 产品都会经历引入期、成长期、成熟期和衰退期,理解产品所属的阶段可以为产品经理做决策提供一定的参考。产品和人一样,都会经历美好和灰暗的日子,无论在什么时候,产品经理的思考都要保持客观,这样才能做出好产品。

第8章

数据统计和分析

8.1 用数据发现机会和找出问题

1. 数据统计的重要性

在讲数据统计之前,我们先来看看数据统计的重要性。考虑这样的场景:老板询问产品经理和运营人员下个月投入多少钱做拉新活动比较合适,1万元还是100万元?有的行业的逻辑是广告投入越多越好,提高曝光度是主要目标,但互联网关注的是资金投入的有效性,怎么理解"投入的有效性"呢?下面我们把效率分为"用户获取成本"和"用户终身价值"两个部分来理解。

(1)用户获取成本。

产品需要先定义好用户完成什么动作后才算获取成功。如果用户注册就算获取成功,则获取成本是引导一个用户注册的成本。不同行业的拉新成本不同,产品经理需要根据公司的实际能力和行业情况来定义,通过行业经验和公司能力来判断。例如,可以先将拉新成本定为500元,再根据实际运营情况修改成本。

(2)用户终身价值。

用户终身价值指成功注册的用户可能会在平台持续消费的总金额。我

第 8 章 数据统计和分析

们可以根据平台以往的数据得出一个参考数字，判断能在拉新中投入多少钱。

通过这两个部分，我们可以确定要投入多少钱，以及投入的钱预计可以拉到多少用户，获客成本与用户价值如图 8-1 所示。在图 8-1 中，我们可以根据统计数据得出成本和价值的关系，甚至能准确地找到获客的盈亏平衡点。

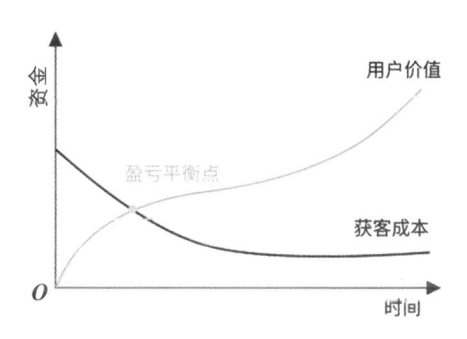

图 8-1 获客成本与用户价值

资金投入只是开始，把这些资金赚回来才算成功，在推动实现用户终身价值的过程中，我们要承担用户流失和用户消费频次减少的风险。团队要尽量缩短把资金赚回来的时间，时间成为衡量盈亏平衡的指标。在这个过程中，对用户转化路径的数据埋点和统计分析成了数据统计的主要工作。例如，用户在从注册到实际下单的路径上要经历几个环节，团队要在每个环节降低用户跳出率，才能保证用户顺利支付，而有效的数据统计能帮助团队清楚地知道用户是在什么环节停止的，以此指导产品改进。因此，数据统计能给产品提供一些机会。

2．数据统计方案设计的 5 个步骤

1）第 1 步：制订数据统计计划

制订数据统计计划是一个不断迭代的过程，产品经理在制订计划时，一般从两个角度出发。

- ➤ 业务诉求：结合自身的业务诉求制订计划。

> 假设:从假设出发,团队先根据问题给出假设,再针对假设给出方案。例如,团队发现在社区发布评论的用户变多了,猜想是因为优化了发布功能的交互和通知系统,于是规划了针对评论功能和站内通知的数据统计方案。基于假设制订数据统计计划的思路如图 8-2 所示。

图 8-2 基于假设制订数据统计计划的思路

产品经理心中的思维模型应该具有金字塔结构,底层是假设,中间层是根据数据统计得到的结论,顶层是基于数据统计结论做出的决策,这些决策又会影响后续假设。

2)第 2 步:规划数据采集

产品经理需要根据统计需求规划对应的数据采集方案,重点是确定需要统计的数据及对数据的粒度要求。采集的数据主要有以下 4 种。

> 点击事件:统计某个页面或功能的点击数。例如,社区首页有"发布"按钮,我们需要统计在一段时间内有多少人点击了这个按钮。

> 浏览事件:统计某个页面被浏览的情况或内容被阅读的情况。例如,统计商品详情、文章、视频的浏览次数,通常是只要有用户进入该页面就进行统计,不过需要注意的是,停留在该页面的用户的刷新动作不算数量新增。

> 停留时长:统计用户停留在页面的时长。统计停留时长可以验证内

第 8 章　数据统计和分析

容对用户的吸引力，也可以验证内容的易读性或功能的使用门槛。例如，新用户在某个带有新功能的页面上停留时间较长，可能意味着该功能需要优化，以使新用户能够较快地上手使用。

> 浏览长度：统计用户浏览页面所到达的位置。例如，某个 App 的首页显示了各类业务的聚合入口，其中一个新业务在首页的位置权重不高，被放在了第 5 屏，则产品经理可以统计首页的浏览行为中到达新业务所在位置的人次情况，以判断是否需要改变新业务的位置。

数据采集技术包括埋点统计和接口上报两种，如图 8-3 所示。埋点指在对应的功能点上埋下一个记录用户点击等行为的 keyvalue 值，在用户行为发生时进行统计；接口指前后台数据交互需要经过的一个通道，不同接口对应不同的规则。例如，用户在注册时，"获取验证码"按钮是接口 A，如果我们需要统计获取验证码的次数，只需要对该接口的请求数据进行统计，不需要重新埋点。

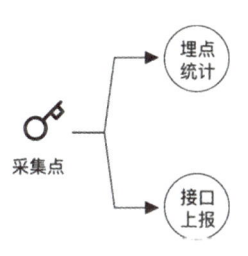

图 8-3　数据采集技术

3）第 3 步：用数据呈现事实

数据统计的目的是呈现事实，我们可以根据自己的需要使用筛选条件，根据条件生成饼状图、柱状图和折线图等。

至于以何种形式呈现，则需要根据使用数据的场景来定义。

笔者做过生鲜电商，我们的订单发往全国，缺少合理的规划导致发往部分地区的订单亏损。因此团队需要搞清楚哪些地区的订单密集，对于订单密集的地区，可以考虑在那里设置前置仓发货，以使物流成本、物料成本和破损成本下降。这里我们用柱状图表示订单密集情况，如图 8-4 所示。

图 8-4　订单密集情况

笔者还做过会员制电商，我们在每个阶段都会统计会员卡的续卡和开卡情况，一般我们只需要看新会员续卡量、新开卡量和老会员保有量。这里我们用饼状图表示，会员卡持有情况如图 8-5 所示。除此之外，为了满足一些场景对查看详细数据的需要，可以设计能导出电子表格的功能，并展示细节，如用户注册手机号、用户昵称、购卡时间等。

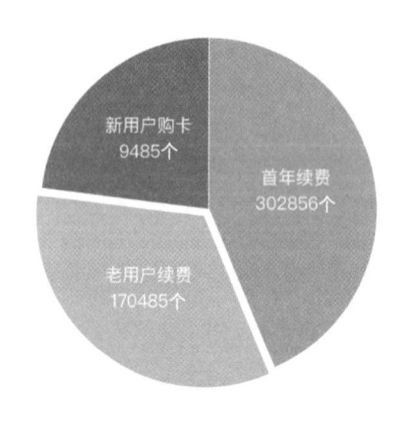

图 8-5　会员卡持有情况

4）第 4 步：挖掘原因

挖掘原因指在第 3 步的基础上，对出现当前结果的原因进行深挖。

在会员制电商火爆的时候，笔者的团队也在产品中加入了会员制策略，

第 8 章 数据统计和分析

我们在前面介绍过，在会员制电商模式中，卖卡是主要的营收之一。因此，在笔者的项目中，不仅用户可以自行购买会员卡，开通了会员卡三级分销权限的用户还可以分销会员卡，但是会员拿到佣金的条件是开卡用户必须是首次开卡，这是我们的项目背景。下面看一组统计数据，用户购卡和续费情况如表 8-1 所示。

表 8-1 用户购卡和续费情况

分类	7月	8月	9月	10月	11月	12月
购卡的新用户数（个）	954	1203	**3945**	1386	1350	876
首年续费的用户数（个）	578	**925**	470	305	486	409
续费的老用户数（个）	10583	10024	11935	11532	10495	**19853**

在表 8-1 中，加粗的 3 个数据是增长最快的，我们很想知道涨幅增大的原因，如果找到可产品化的模型，我们就可能得到一个有效的用户增长方案。

对于 9 月购卡的新用户数，我们做了以下工作。我们列出了对购卡有影响的活动，并整理了站外合作资源，逐条对比各资源对新卡销售的影响。经过一系列分析后，我们发现，由于平台在 9 月展示了三级分销售卡榜单，所以部分具备分销能力的用户更愿意拉新。

同理，如果遇到暴跌的异常数据，则需要寻找出现问题的原因，如发布新版本造成部分机型不兼容或闪退，从而影响用户体验等。最后把得到的结论整理成需求并记录在案。

5）第 5 步：提出建议

提出建议指根据数据统计的结果给出建议，我们在后面的内容中会详细介绍如何提出建议。

3. 数据统计方案实践

1）众筹功能转换率统计实践

笔者的社交电商项目新增了众筹功能，该功能用于预售某个单品和提高活跃度，整体来讲比较简单，众筹功能原型如图 8-6 所示。

图 8-6　众筹功能原型

团队成员列出了需要统计的功能点，并根据功能点与技术人员做技术可行性前期调研。技术人员认为，该功能的埋点较为简单，他们计划采用全新埋点的方式进行数据统计，而不采用接口上报方式。对于产品经理来说，接下来要做的事就是准备数据埋点需求文档了。

2）数据埋点需求文档实践

笔者认为，数据埋点需求文档应尽量完善，要把重要的事情讲清楚，但不要加入多余的事情。在笔者的团队中，无论是新需求，还是旧功能的更新，都要有相对完整的数据埋点需求文档。众筹功能的数据埋点需求文档如图 8-7 所示。

我们希望通过初步统计众筹活动的转化率，找到影响转化率的环节。在文档中需要写明参数，便于客户端、小程序等不同渠道使用相同的字段，避免各端根据自己的喜好取值，导致分不清字段而出现统计错误的情况。

目的	埋点类型	操作类型	统计埋点对象	事件类型	参数取值	参数含义
提高众筹活动的转化率	全新埋点	新增字段	众筹列表页访问次数	浏览		
			众筹单条信息点击次数	点击	crowd_listClick_count	单条信息被点击的次数
			众筹单条信息点击人数	浏览	crowd_listClick_user	到达活动详情的人数
			"支持项目"按钮点击次数	点击	crowd_suportBtnClick_count	
			"支持项目"按钮点击人数	点击	crowd_suportBtnClick_user	"支持项目"平均点击次数
			实际支付人数	浏览	crowd_buy_user	转化率
仪表盘数据计算规则						
① 详情平均访问次数 = crowd_listClick_count / crowd_listClick_user						
② "支持项目"平均点击次数 = crowd_suportBtnClick_count / crowd_suportBtnClick_user						
③ "立即支持"平均点击次数 = crowd_payBtnClick_count / crowd_payBtnClick_user						
④ 众筹转化率 = crowd_buy_user / crowd_payBtnClick_count						

图 8-7　众筹功能的数据埋点需求文档

在文档中还需要写明计算规则。产品经理的说明要尽量详细和易于理解，避免开发人员埋错点或计算错误。

> **总结**
>
> 数据统计具有指导方向的作用，能帮助团队厘清需要在哪些地方做出改进，有效的数据统计不仅能提高转化率，还能回答商业模式是否成立的问题。

8.2　常见的 3 个数据分析方法

在完成数据采集后，需要对数据进行分析，在进行分析前要明确分析数据的目的。如果目的是挖掘流失用户的特征，则可以用可视化方式提炼用户路径，分析用户路径上的事件并统计点击情况。

常见的数据分析方法有漏斗分析法、分组分析法、相关性分析法等，下面对其进行介绍。

1. 漏斗分析法

漏斗分析法采用 AARRR 模型，由知名企业家 Dave McClure 提出，AARRR 模型如图 8-8 所示。

AARRR 模型是公认的比较有效的运营工具之一，它有两个突出的特点：一是以用户生命周期为线索，揭示了在用户使用产品的 5 个主要环节中，平台应该关注哪些工作；二是揭示了平台在用户身上的投入和产出关系，使平台能有效把控成本。

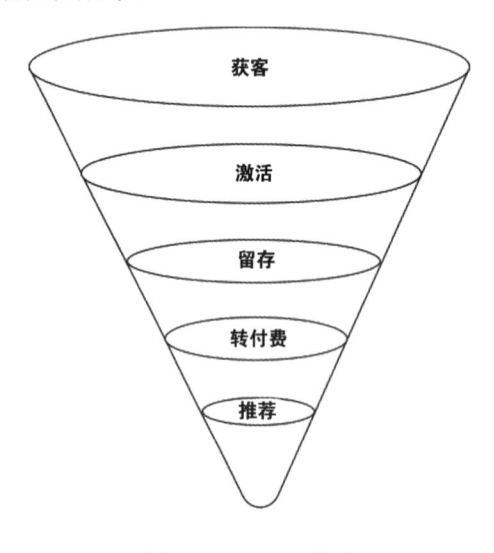

图 8-8　AARRR 模型

在使用漏斗分析法时，需要提炼用户路径，在路径上的每个层级获取数据，通过比较用户从一个层级到另一个层级的数据来计算转化率。

（1）环节 1：获客。

对于不同的业务，"获客"的含义不同。例如，我们关注的可以是 App 的实际注册用户数，也可以是拼团页面的用户触达数或拼团活动的曝光率。

（2）环节2：激活。

新用户注册成功和流失用户重新下载App都可以算激活。

（3）环节3：留存。

留存指用户留在App上的状态，最低要求是用户还打开着App，交易板块可以统计还在购买商品的用户，社区板块可以统计还在浏览社区内容的用户。在产品的成长期，就要考虑做大量有助于留存的功能，如等级系统、积分商城、勋章体系、会员体系等。

（4）环节4：转付费。

我们可以统计用户从注册到实际下第一个订单的时长。笔者参与过一个项目，需要每天统计下单的用户数，如果有大量的用户未下单，则会定向给他们发放优惠券。

（5）环节5：推荐。

该环节指用户对平台的服务或体验产生了好感，自发分享给其他用户。重点是如何提供用户分享的动力，如可以发起拼团、瓜分红包等活动。

AARRR模型可以套用在任何业务环节中，其优点是可以直观地得到不同环节之间的转化率，漏斗的深度可以更深，我们可以按需设置环节。

2．分组分析法

初步理解分组分析法，就是从多个维度将数据拆分，并比较各组数据的差异。分组分析法示例如表8-2所示。

表8-2　分组分析法示例

月份	下载用户（个）	注册用户（个）	未注册用户（个）	下单用户（个）	注册未下单用户（个）
7月	10170	7144	3026	537	6607
8月	48382	19341	29041	928	18413
9月	57312	8021	49291	872	7149

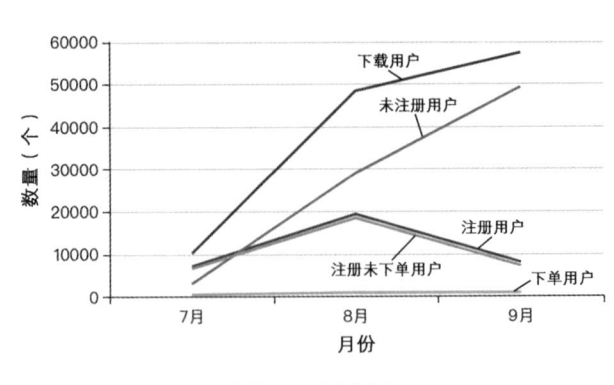

可以根据表 8-2 生成折线图，如图 8-9 所示。

图 8-9　折线图

由图 8-9 可知，每月的下载数持续增大，注册数和下单数都在 8 月达到最大值。对 8 月的情况进行分析，8 月有新人专享等活动，新人注册后可以领取礼品，但是 8 月的下单数增幅不大，说明新人礼的力度不足以驱动大多数新用户下单，这就是采用分组分析法的过程。

在形成明确的方法论后，分组分析法会有更高的效率，分组对照示例如图 8-10 所示。

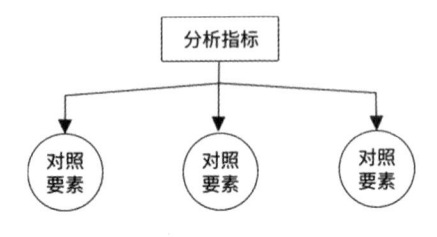

图 8-10　分组对照示例

分组对照分为两步：第 1 步是设定要分析的指标；第 2 步是把分析指标拆分成多个对照要素，然后根据各对照要素的要求重新设置分组，并对比和得出结果。

如果团队想了解在一段时间内注册用户的位置分布情况，我们可以将该诉求设为分析指标，对照要素是用户所在地，从而得到注册用户的位置分布情况，如图 8-11 所示。

第 8 章 数据统计和分析

需要注意的是,在采用分组分析法时,对照组要对比的是相同的特征,如不能对比注册行为和下单行为这两个特征,这样对比得到的数据没有参考意义。

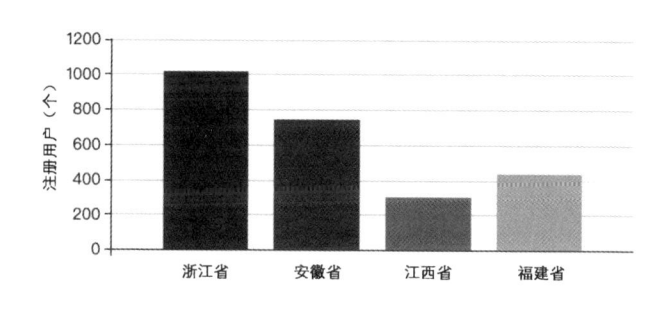

图 8-11 注册用户的位置分布情况

3. 相关性分析法

两个或多个独立的事件之间可能相关,即如果某个事件出现增长,则其他事件也出现增长。相关性分析法即找出独立事件之间的关系,类似数学中的条件概率,已知 A 和 B 是两个独立事件,如果 $P(AB)=P(A)P(B)$ 成立,则事件 A 和事件 B 具有相关性。

接下来笔者用创业时的一个小例子解释一下相关性分析法。在笔者的创业项目运营了半年多后,团队发现一些单品经运输到达用户手上时,破损率特别高。首先,我们猜想原因是打包所用物料和打包方法不科学,所以将大量时间花在物料实验和打包方法改进上,但过了一段时间后发现依然没有改善;其次,我们猜想原因是存在一些恶意用户,于是团队导出了售后订单对应的用户数据,也没有发现相同用户售后率高的情况;最后,我们猜想是不是某些物流公司的问题,我们导出了各物流公司的数据,发现物流公司 A 发出的单品的包裹破损率特别高,无论是像阿克苏苹果这种质地较硬的单品,还是像黄心猕猴桃这种质地较软的单品,物流公司 A 发货的破损率都很高。物流公司 A 的发货数和破损单数如图 8-12 所示。我们通过相关性分析,找出了物流公司和单品破损之间的关系。

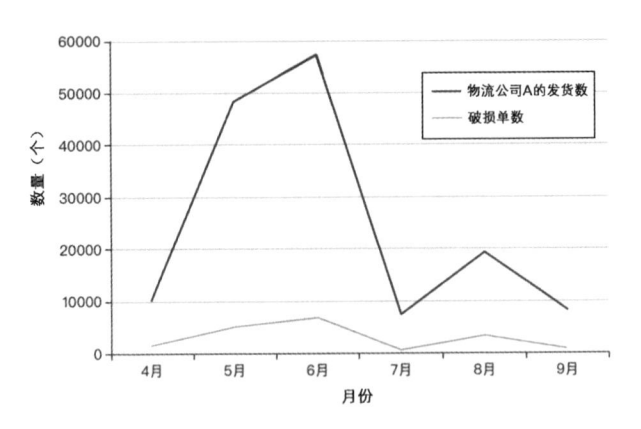

图 8-12 物流公司 A 的发货数和破损单数

> **总结**
> 我们可以采用漏斗分析法、分组分析法、相关性分析法等方法对所采集的数据进行分析。漏斗分析法的优点是可以分析一条路径上各节点的数据情况；分组分析法的优点是可以通过对比各组数据的特征来发现差异；相关性分析法的优点是可以发现独立事件之间的关系。

8.3　如何用数据帮助产品做改进

运营团队可能更在意数据，毕竟他们需要用客观的数据来衡量运营效果。那么，在产品经理拿到数据后，如何用数据帮助产品做改进呢？下面介绍 3 个步骤。

1. 步骤 1：提取数据特征

要想从数据中发现改进产品的机会，需要先提取数据特征。根据这些特征，我们不仅可以发现问题，还可以找到机会。

对于某个会员制电商产品，团队在分析最近新增用户的购卡转化情况时发现，近 30 天的数据显示：在新增的 1000 个用户中，有 500 个进入了会员卡购买页面，但最终成交的只有 10 个用户。我们可以根据这些信息提取数据特征，如会员卡购买页面的新人访问率为 50%、新人购卡转化率为 1% 等。我们还发现，在 1 年内，购买过年卡的 1000 个用户中只有 100 个续

第 8 章　数据统计和分析

费了,于是得到年卡续费率为 10%。

我们还可以根据数据构建购卡用户群、未购卡用户群和续费用户群的特征,并根据这些特征继续挖信息。例如,根据续费用户群的特征提炼他们的下单数、消费总金额、支付偏好、下单时间段等。

假设团队在分析 100 个续费用户的下单数后发现,续费用户在过去的 1 年内平均下了 200 个订单。基于这样的结论,在运营决策上可以假设"下了超过 200 个订单的续费用户的忠诚度高",于是将提高购卡转化率的重点放在那些在 1 年内下单数少于 200 个的续费用户身上,以进行精准营销。

2. 步骤 2:提出产品改进建议

笔者做过一个奢侈品租赁项目,该项目的模式是用户在办理会员卡后,可以免费租赁指定的包,而对于不免费租赁的包,会员可以享受折扣,并根据会员的消费情况决定是否减免押金。下单转化率数据统计如图 8-13 所示,图 8-13 显示了用户从查看商品详情到实际支付这条路径上的数据统计情况。

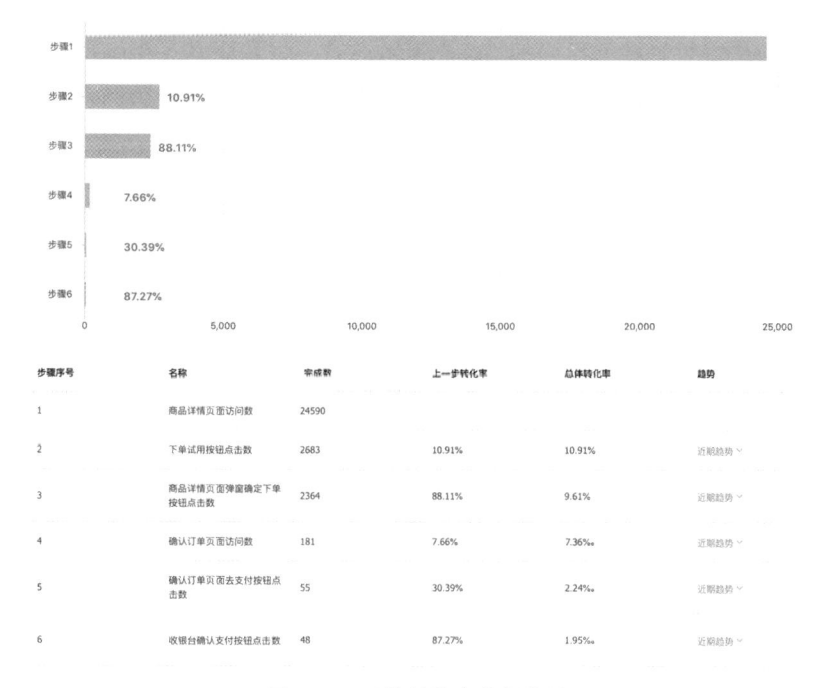

步骤序号	名称	完成数	上一步转化率	总体转化率	趋势
1	商品详情页面访问数	24590			
2	下单试用按钮点击数	2683	10.91%	10.91%	近期趋势 ∨
3	商品详情页面弹窗确定下单按钮点击数	2364	88.11%	9.61%	近期趋势 ∨
4	确认订单页面访问数	181	7.66%	7.36‰	近期趋势 ∨
5	确认订单页面去支付按钮点击数	55	30.39%	2.24‰	近期趋势 ∨
6	收银台确认支付按钮点击数	48	87.27%	1.95‰	近期趋势 ∨

图 8-13　下单转化率数据统计

由图 8-13 可知，用户从步骤 1 到步骤 6 的转化率只有 1.95‰。这意味着当有 1000 个用户访问了商品详情页面时，只有 1.95 个用户下单。

读者朋友可以做一些猜想，为什么用户浏览了大量的商品却不下单呢？我们有以下 3 个猜想。

猜想 1：用户为了对比多个商品的细节。

猜想 2：发现价格超出预算。

猜想 3：用户只是来逛逛。

下面我们针对这 3 个猜想提出产品改进方案。

针对猜想 1：用户对比多个商品的细节的主要目的是查看商品的细节差异、价格、优惠力度、用户评价等。因此，我们可以在商品详情页面提供更完善的介绍。

针对猜想 2：可以将价格超过用户的预算分解为用户的支付能力和支付意愿两个维度，对于我们来说，加强用户的支付意愿是一个改进机会。产品有两个功能点可以改进：一是突出优惠信息，当商品有可用的优惠券时，在用户从查看商品详情到实际支付这条路径上要突出优惠信息；二是引入分期支付的支付方式，使用户不需要一次性支付。

针对猜想 3：可以提高个性化推荐的精细度，根据用户画像优先推荐与画像匹配的产品。

产品经理在根据统计结果确定产品改进方案时，需要考虑以下两个事项。

事项 1：长期数据比短期数据准确。

在分析某个功能的数据时，要看长期数据，时间跨度越大，越能准确反映实际情况。

事项 2：数据服务于业务。

数据虽然很重要，但是团队要时刻提醒自己，数据是服务于业务的，要避免因过度追求数据指标的提升而忽略业务的核心内容。例如，团队优化客服系统的目的是提高用户的满意度，于是设置了一系列产品机制，包括增加客服人员接待用户的数量、缩短用户等待时间等，然而，这些数据指标得到了提升，用户的满意度却没有提高，那么追求数据的方向就是错的，优化客服系统的重点是提高用户的满意度，而不是使其成为客服人员的考核工具。

3. 步骤3：验证改进方案的效果

我们对改进方案效果的验证还是要通过数据，在为数据拟定指标后，分析这些指标的健康度。笔者的团队给每个指标定一个"健康度"，如老用户复购率的健康度是40%，新用户注册转化率的健康度是10%，那么当与复购率有关的功能改进上线后，健康度不能低于40%，否则我们可以理解为改进的方案没有效果。

对于一个指标的健康度，最优的结果是有增量，最低能接受的结果是在原指标的基础上保持存量不减。

下面介绍两个常用的验证方法。

（1）方法1：A/B test。

我们可以做A、B两套产品方案，也可以将改进方案作为A方案，将未改进方案作为B方案，类似于灰度测试。在向用户展现不同的产品方案后，收集不同的使用数据，以改进方案或修改方向。

为了满足"邀请好友"的拉新需求，笔者的团队做了两个方案，A方案是邀请好友注册成功后，邀请者和被邀请者各得30元无门槛代金券，B方案是用户可以给自己的3个好友送7天免费体验卡。我们分别把两个方案推给了相同数量的用户，结果B方案的拉新效果更好，于是就采用了B方案。

（2）方法2：分析留存率。

留存指用户在下载App后继续打开App的时间指标，一般会统计次日、

3日、5日、7日后还会使用产品的用户数，也可以将留存率指标称为几日留存。

分析留存率能够帮助产品经理找到用户继续使用和不使用产品的原因，特别是对版本迭代很有帮助，能够反映新功能上线对不同群体的影响，甚至可以结合版本更新、市场推广等因素，删除使用频率低的功能，实现快速迭代验证，确定相应的改进策略。

在产品上线初期，留存率是很不稳定的，随着体验的逐渐完善，用户会向活跃用户、忠诚用户转化，团队可以得到用户数在不同阶段的变化情况，了解产品保有用户的能力。

> **总结**
>
> 在用数据帮助产品做改进时，要看长期数据，从这些数据中提取特征并提出产品改进建议，在改进方案上线后，可以通过A/B test或分析留存率等方法来验证效果。

第9章

番外篇

9.1 产品经理如何保持精进

9.1.1 关注事物的本质而不是现象

在不同的场景下，本质会发展出不同的现象，但这些现象不会反过来影响本质，本质与现象的关系如图 9-1 所示。

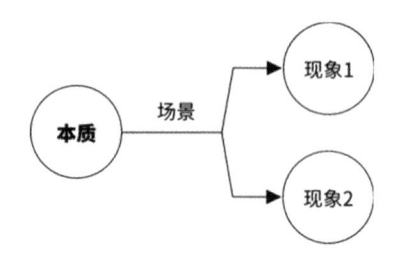

图 9-1 本质与现象的关系

2016 年，市场上新增了几个卖书平台，其中一个平台的特色是同城"1小时送达"，该平台强调 1 小时送达的逻辑是这样的：用户看了一个讲书的视频或介绍图书的文章，立即被打动了，这时该平台的目的是解决用户"现在就要看这本书"的需求。读者朋友看到这里对这个现象有什么感受呢？

"尽快送达"这个现象对"读书需求"这个本质的依赖程度并不高，在购书场景中，物流快对读书需求的本质没有优化作用，物流快不是核心需求。这个卖书平台没坚持多久就关闭了。

第9章 番外篇

1. 忽略本质的3个原因

（1）过多的会议导致信息流失。沟通的目的是保证项目参与者能及时同步和准确获取信息，如果组织了过多不必要的会议，很可能导致信息失真。

某个平台上线了一类商品，对于这类商品，用户常常临时取消订单。由于运营系统和WMS的订单需要先经过人工同步，当用户取消订单的时间和发货时间比较接近时，会出现货物已经被物流拉走的情况。为了避免出现该情况，管理层多次组织会议讨论，决定采用"发邮件"和"系统按规则自动把任务分配给打包人员"的功能优化策略，但实际上只需要新增一个出现异常订单后发短信告知仓库发货人员的功能。于是，耗费大量的开发资源做出来的功能，把原本要解决的需求做复杂了，也增大了打包人员的工作量。

（2）不同岗位的人所理解的场景不同，收集的产品方案会有冲突。

（3）不同岗位的人有不同的目标，在多次讨论的过程中会按照自己的意愿提建议。例如，运营人员的目标是完成业绩、客服人员的目标是减少投诉，可能出现较强势的一方引导方案重心的情况，从而忽略了所要解决的问题的本质。

2. 引导团队关注本质的3个步骤

（1）步骤1：确立目标。

只有确立了目标，才能保持团队关注事物本质的方向不变。在组织会议前，产品经理可以先向与会人员重申本次会议的目标，甚至可以强调会议内容只能围绕该目标展开，避免发散。

（2）步骤2：强调场景。

一个人在不同的场景中，即使产生的需求和行为是相同的，其动机也可能不同。例如，一个人在捶枕头，如果他刚刚中了5万元的大奖，则他是因为兴奋而采取行动；如果他刚刚得知自己暗恋的女孩有了男朋友，则他是因为失落而采取行动。相同的行为在不同场景中的动机不同，所以我们要强调场景。

笔者的团队在沟通时，总是先强调场景，并且明确场景是一种约束条件，我们不能天马行空地思考问题，要提高沟通效率。有时会有人问"那用户××时怎么办"，这里的"××"是提问者出于不同的目的而补充的场景，笔者会耐心解释他所提出的"××"是另外的约束条件，已经跳出了我们的核心场景，这类问题不是我们当下需要关注和解决的问题，即使解决了，也不会为我们带来增长。

（3）步骤3：验证效果。

团队要尝试花较少的时间和较低的成本来验证方案的效果，筛选出对解决本质需求效果不好的方案并停止实施，把效果好的方案留下来并继续优化。

3. 保持认知清晰的3个问题

产品经理可以通过向自己提出以下 3 个问题的方式来提醒自己保持认知清晰。

（1）问题1：【谁】使用【产品】完成【任务】。

该问题回答了用户是谁、用户使用了什么产品、用户使用产品要解决什么问题。

（2）问题2：【事物】阻碍【谁】完成【任务】。

该问题重点回答了用户在使用功能时遇到了什么障碍，回答该问题时可以回顾产品方案是否匹配需求。

（3）问题3：【谁】为了完成【任务】，接受了【方案】。

该问题重点回答了用户的容忍度。

9.1.2 交付确定性方案

产品经理要珍惜每次的对外输出，这些输出关乎产品经理在团队成员和用户心中的靠谱程度。如果在每次沟通需求时不明确细节，沟通后又忘记沟通结果并随意改动，则产品经理的口碑会快速崩塌，在合作过程中也会爆发各种冲突，最后上线的功能不符合预期，运作效果就不会很好。笔者认为，产品经理在与团队成员协作的过程中要做到有理有据，在多方敲定后，将完整的原型和项目需求文档交给研发人员和运营人员，使团队的努力方向是一致的。产品经理交付确定性需求的优点如下。

1. 降低风险

（1）降低开发风险。

避免开发实现不了的功能。交付确定性需求可以提前识别开发风险，避免在实际投入开发时才发现团队无法做出来，应在需求评估环节排除此类解决方案。

（2）降低功能难用的风险。

在一些创业类图书中，作者会建议读者朋友不要过于追求完美，可以先抓紧时间将粗糙的功能上线，再逐渐优化版本，这种观念在特定的场景中是有效的，但是如果读者朋友没有成功的把握，则笔者建议还是交付易用性高的产品。

（3）降低业务不确定的风险。

在笔者的团队中，一些新加入的产品经理会在冥思苦想后提出做新功能的规划。实际上，新功能带来的经济效益不一定比旧功能好，旧功能在迭代后带来经济效益的可能性更大。在确定性方案中，有助于做产品决策的信息越丰富，团队的行动就越明确，会优先考虑能带来利润的功能。

2. 规范团队流程

好的流程能提高沟通效率，也能提高团队的默契度。第一，前期充分探索问题，列出所有问题，并找出最关键的问题；第二，针对关键问题策划解决方案；第三，筛选出适合的解决方案并逐渐完善。

3. 避免分歧

产生分歧的主要原因是在前期沟通中未能达成一致，在实际推进开发之前，如果与产品有关的需求方及运营、客服、测试和开发人员都参与了评审和细节确认会议，最后交付的方案是大家都认同的，一般就不会在开发过程中出现改需求或在产品上线后将其推翻的现象。产品经理交付确定性方案能有效避免分歧，减少资源浪费。

9.1.3 提高系统思维能力

网络上流传着一个比较有争议的观点，该观点认为当下社交产品的发达削弱了人们的系统思维能力，我们将大量时间用于处理碎片化的事，这些事之间没有一定的关联，并且只需要做浅层次的思考，这就使我们在遇到复杂的问题时无法进行系统思考。产品经理也不例外，确保决策高效和准确成了一个必备技能。

关于系统思维能力的经典书籍有很多，如彼得·圣吉的《第五项修炼：学习型组织的艺术实践》、丹尼斯·舍伍德的《系统思考》等。对于产品经理来说，系统思维能力指在做产品决策时，不仅要考虑当前的问题，还要看这个问题的过往、当前的解决方法是否合适、未来会带来的影响等。

每个人的经历不同，思考方法也不同，一般来讲，我们希望能快速拿出适合的方案，该方案能带来增量且不会带来风险。针对这个方向，我们从以下3个方面展开讨论。

第 9 章　番外篇

1. 重视问题的背景

每个问题的发生都一定有历史原因。笔者经历过一个 App 的登录方式改版，在改版前，该 App 的登录方式只有手机号登录，改版的目的是降低用户的准入门槛，领导层决定将登录方式改为微信、微博等授权登录，这样用户不需要通过接收和输入短信验证码这个长流程就能进入 App，为了让用户使用得更顺畅，用户甚至不需要将手机号与授权的微信或微博绑定。这是领导层在讨论很久后做出的决定。

然而，在改版的 App 上线后就出现了不少问题，其中比较明显的问题是用微信或微博登录的用户无法交易虚拟饰品，特别是老用户在登录后发现之前购买的虚拟饰品全没了，因为对于现在的 App 来说，该用户是新用户。这次改版引起了大量老用户的不满。

该问题的背景是需要用手机号验证交易者身份的有效性，并通过输入验证码来进行交易确认。此次改版带来的直接问题是无法接收和输入验证码，无法完成交易；由于不做绑定处理，无法同步老用户的信息。

由该案例可知，只关注对问题的解决是远远不够的，我们必须重视问题的背景，这些背景往往具有关键作用。

针对上述案例，我们不讨论为什么在做决策时不考虑清楚交易的问题，或者为什么一定要通过使用第三方登录的方式来降低准入门槛。重要的是，接下来领导层决定增加微信、微博与手机号的绑定功能，并修改交易的验证逻辑。同时，为了留住那些不愿意绑定手机号的用户，还决定增加切换账号功能，切换账号功能增加后，又会导致 App 的整体消息推送逻辑发生大量修改，需要处理的问题没完没了。这样的损失和无用功，是值得产品经理警惕的。

2. 预演过程

如果我们对问题的背景没有考虑得很清晰，则可以在预演过程中降低产品方案的风险，团队需要反复讨论方案的局限性和存在的问题。我们常常遇到这样的场景：老板让我们先不讨论实际落地的细节，只讨论方案。极端情况是老板只在乎结果，不关心过程，但在实际落地的过程中，就会发现方案是不合适的。预演过程有以下 3 个优点。

> 找出"雷点"及解决方案。

> 模拟成功后的样子。

> 发现方案的优劣。

笔者的团队做过一个协同类工具，目标是帮助异地办公的小团队提高协作效率，用户在创建团队后，可以邀请成员加入、管理工作日志、预约会议、管理项目进度、上传项目文档和指派任务等。我们在设定产品交易模式时确定了 3 种方案，第 1 种是按照创建的项目数量收费，第 2 种是按照可加入团队成员的数量收费，第 3 种是按照存储空间收费。

在该产品上线后，老板觉得我们的日活跃用户不够多，接下来的目标是提高用户的活跃度。在讨论方案的过程中，团队成员一致认为要降低用户的使用门槛，由于团队还要完成项目管理工作，为了节省精力，决定开发一个最简单的功能，即每日签到领积分，积分可以用于兑换创建的项目数量、增加团队成员和扩大存储空间等。

这里的方案看起来已经很好了，既能节省用户的时间，又便于用户获得积分，积分的消费出口还与产品本身的功能有关。于是我们做了预演：假设用户团队 A 新加入了 10 个人，需要立刻添加到项目中，则管理员的当务之急是迅速找到购买入口，将新人拉进去，而不是等凑够积分再兑换拉人名额。另外，如果用户团队 B 最多有 1000 人，用户团队 C 最多有 10 人，在两个团队攒了一段时间的积分后，可以兑换 1000 个拉人名额了，但用户团队 C 根本不需要兑换，享有一个不能用的特权，其忠诚度体现在哪里呢？

经过多次讨论，我们决定从两个方面进行优化。一是优化用户使用体验，包括美化界面、使交互更流畅和提升后台性能等；二是策划一个任务系统，该系统包含两个部分，分别是完成指定的操作和邀请用户，既能使用户熟练使用产品，从而提高效率，又能邀请新用户加入。

实际上,预演过程可以套上复盘的思路。例如,团队先描述清楚并一起补充一个接近完整的场景,然后复盘导致该产品成功和失败的主要因素。在这个过程中一定要保持客观。

3.经验字典

事实上,无论我们面对的是简单的问题还是复杂的问题,做出高效决策都要靠经验。只有积累了大量有效的经验,我们在做决策时才能相对准确并节约大量时间。

产品经理的经验字典是需要不断修正的,由于外部环境变化,一些经验不能继续有效复制,就需要将其放弃。登录注册功能的经验字典如表 9-1 所示。

表 9-1 登录注册功能的经验字典

关于功能的思考	什么类型的产品需要登录
	记录行为数据、建立用户关系
	用户删除重装后保留数据,向用户推荐内容,以使用户更喜欢产品
	登录后运营更方便,如积分、等级功能
	鼓励用手机号注册和绑定,更容易召回用户
触发登录的 2 个时机	进入产品前
	使用中触发(强制登录、选择登录)
登录的 2 种方式	手机+密码、第三方
	仅使用第三方,隐藏用户未安装的应用所对应的登录方式
退出登录的 2 种方式	手动退出登录,多用于保护隐私或切换账号
	自动退出登录,出于安全考虑

产品经理在建立自己的经验字典时需要考虑以下 3 个原则。

> 尊重场景和用户,不生搬硬套经验。

> 重视迭代,随时增加、删除和修改。

> 经验要有明确的收益和风险。

> **总结**
>
> 保持精进是对所有岗位的要求，产品经理做出好产品需要有敏锐的眼光和高效的决策能力。产品经理要关注事物的本质而不是现象，以提高其判断的准确性；产品经理在做出决策后要向团队交付确定性方案，以增大成功的概率；产品经理应具备较高的系统思维能力，重视有效经验的积累，并能通过预演过程来检验方案的可行性。

9.2 能力成长和职业规划

9.2.1 认识岗位

读者朋友需要保持独立思考，成功的产品和经验都是很难复制的，我们能做的是借鉴一些好的地方，为自己的工作提供参考。行业和外部环境瞬息万变，经验不一定在所有情景下都适用。笔者的职业生涯是从创业开始的，与合伙人获得了几千万元的天使投资做生鲜电商平台，失败后又参与了几个创业项目，虽然不能像《远见》一书提到的那样，能够把未来的规划都想清楚，但是笔者会从优秀的产品经理身上学习优点，并融入自己的思考。

互联网产品经理每天花在工作上的时间可能有 12 小时，不仅是岗位的原因，还因为产品经理需要时刻保持学习，这样才能做出更好的产品，打算入行做互联网产品经理的朋友可以关注以下 5 个方面。

1. 找出自己的兴趣点

我们可以分析自己的性格、优势和技能。产品经理需要具备抽象、清晰的思考能力和沟通能力，这两个能力的提高可以通过科学的练习实现，但是一些本身不喜欢进行抽象思考的人成为产品经理可能会有些痛苦。因此，我们可以先找出自己可以长期坚持的兴趣点，再选择成为什么类型的产品经理。

2．选择有前景的行业

在好的行业中，可以获得更大发展空间和更多机会。例如，互联网能帮助教育行业提高知识的传播速度和效率，但是很难对房地产行业产生很大影响。细分行业也是如此，甚至对细分行业的选择要更慎重。

3．锻炼基础技能

前面介绍了产品经理需要具备的能力，产品经理要持续锻炼自己的基础技能，它们是能在职业生涯中迁移的（无论是调整了岗位还是转变了行业）。产品经理的4个基础技能如下。

（1）实操能力。

产品经理的前期工作内容一般是画原型、写需求文档、完成项目评审和汇报，每项任务背后都有规划、实操落地和总结工作，做得越多就能积累越多经验，在后续工作过程中，不管是自己动手还是指导新人，都能够高效完成。

（2）沟通能力。

沟通的前提是具备同理心、表达客观准确，不过有时为了能快速推进项目落地，也需要使用一些技巧。良好的沟通能够达到事半功倍的效果，成功的企业家有一个共同的特点，即有超强的演讲能力，产品经理可以学习这个特点。

（3）担当能力。

有担当的人可以把工作推进得更好，赢得他人的信任，凝聚团队。

（4）帮助他人和寻求他人帮助的能力。

产品经理不需要亲手设计一个UI图，也不需要去写一行代码，这些功能都需要由他人实现。在推进工作的过程中可能会遇到很多障碍，这个时候要学会向他人求助。同时，我们也要帮助他人成长，在这个过程中不仅可以提高自己的表达能力和思考能力，还可以提升团队的整体素质。

4．离开舒适区

一般来说，工作 3 年左右的产品经理基本可以独立负责一个项目了，这个时候是最顺利的，沟通顺畅、做事得心应手，在自己负责的项目中有较大的话语权。笔者鼓励大家在这个时候离开舒适区，多审视自己的劣势，对照市场上对产品经理的要求提高自己欠缺的能力，如数据分析能力、团队建设能力等，以进一步提升自己。

5．培养业务嗅觉

产品经理在成为产品负责人或产品总监后，最大的价值是对某个行业有一定的认知。一般来说，如果要跳槽，其他公司看中的就是产品经理在这个行业耕耘这么久所积攒的经验和认知，这些经验能帮助公司少走弯路。

培养业务嗅觉需要合理分配自己的精力。

（1）认清工作重点。

应把工作重点放在长期规划上，摆脱短期的突发任务，这要求产品经理能分清日常工作中有哪些任务是临时增加的突发任务。从长远来看，这些任务对产品和业务的增长不会起太大作用。如果产品经理大量的时间和精力被浪费在这些任务上，不仅对当前的核心业务没有太大帮助，还无法做到合理规划，不利于提高自身能力。

（2）具有一定的格局。

产品经理要学会站在一定的高度分析产品所在行业的情况，可以将行业分为两类：一类是周期性变化的行业，如房地产、汽车资源类行业，这些行业会随着环境和经济状况的波动而波动；另一类是刚需类行业，如医疗、食品和生活用品的供应业等，经济环境对这些行业的影响较小。

在理解行业特性后，可以分析这些行业的市场情况，即"赛道"，看某个赛道上有多少人在做相同的事。一般来说，我们需要了解赛道有多宽（市场规模有多大）和多长（行业所处的发展阶段），还需要了解这个赛道在提供什么样的服务或产品、能够为目标用户解决什么问题、供给方和需求方是谁等。这能帮助产品经理回答市场的痛点在哪里的问题，以及分析市场上还有哪些机会可以发掘。

如何分析在目前的赛道上有哪些机会呢？可以从两个方向思考：一是看产品能否改造市场，改造市场可以降低交易和流通成本；二是看产品能否重塑行业，这个方向比第 1 个方向更有价值，如在线打车重塑了传统的出行行业等。注重训练和积累自己的想法是产品经理努力的方向之一，产品经理的岗位是一个综合性岗位，要围绕"核心竞争力"出发，构建丰富的知识图谱。

9.2.2　关于职业方向的 3 个困惑

产品经理的岗位门槛较低，在入门阶段，任何人都可以成为产品经理，但是后面的发展需要自己努力和有好的机会。在机会出现的时候，要有能力抓住。

1．去大平台还是小公司

大平台有丰富的资源和完整的知识体系，可以争取到好的开发资源和推广资源，有利于项目的实现；小公司的资源没有那么丰富，很多工作都需要产品经理参与，能接触到更多的方面。例如，做电商平台除了要做功能，还要参与供应链、仓库管理等工作，能学到很多东西。

2．做管理还是做产品专家

工作 3 年以上的产品经理都需要面对这个问题，如果没选好适合自己的方向，则对职业生涯有很大影响。除了根据个人意愿，在选择时还可以参考以下两个因素。

（1）收入。

相对来讲，做产品专家需要耗费的时间比做管理长很多，这意味着可能同样工作了十年，管理岗位的收入比产品专家的收入高，我们从招聘信息上也可以看出这点。不过，垂直领域的产品专家的薪资一般比管理岗位的高得多，如人工智能、新能源汽车等垂直领域。

（2）发展的可持续性。

如果选择在某个领域做产品专家，则越往后越难把积攒的能力迁移到其他领域；如果选择做管理，则很多技能是可以迁移到其他领域的。与产品专家相比，管理岗的灵活度会高很多。对于没有兴趣做产品专家的产品经理，笔者的建议是在保证产品能力达到专家级的前提下往管理方向转。

3. 创业还是打工

每个人在不同的年龄阶段都对创业有不同的理解。选创业或打工的重点是要搞清楚目标，不要因为想让自己有更多的谈资而去开始一段不靠谱的创业，既浪费时间，又消耗意志。

如果选择创业：第一，从个人成长的角度来看，创业要趁早，年轻时没有家庭负担，创业的自由度更高，时间更充裕，能充分积累经验；第二，从利润的角度来看，有人创业是为了改变世界，但笔者建议优先考虑利润增长的可能性、用户增长的可行性及对团队的管理，获得了利润才能让企业走得更远、使成功的概率更高。

9.2.3 如何正确认知焦虑

有一段时间，笔者经常处于焦虑状态，特别是在新的一年开始时，回顾去年的工作成就和能力后发现自己在能力和思想方面都没有变得更好，就会感到焦虑。笔者身边有不少朋友在聊起类似的话题时，也表现出明显的焦虑，在仔细交流后笔者得出了一个结论：我们的成长会经历两个阶段，这两个阶段是交替出现的。阶段性进步如图9-2所示。

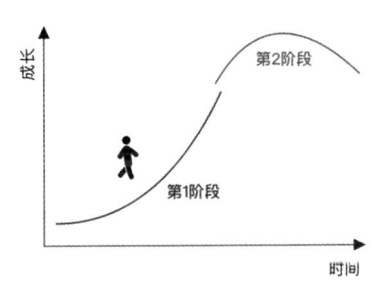

图 9-2　阶段性进步

（1）第1阶段：进步飞快。

当我们进入一个新的领域时，自身积累的与该领域有关的经验较少，不管做什么和学什么都会觉得自己是在飞快进步的，能力的增长可以量化到每天。

（2）第2阶段：进步缓慢。

在第 2 阶段，我们的能力增长较慢，甚至感觉在倒退。如果项目的成长速度很慢，可能出现产品经理一直利用过去积累的初级经验推进工作的情况，没有机会学习和实践好的经验。笔者的建议是将焦虑的时间用于提升自己。同时，我们要学会接受"阶段性"这个词，我们知道这种成长过程是躲不过的，过去和未来都是我们基于所收集的信息做出的假设，事实是只有踏入未来，才能看到开阔的景色，在这个过程中保持坦然即可。

> **结论**
> 　　产品经理是一个新的职业，在中国实际兴起也不过短短的数十年，该岗位很难像其他岗位一样有较明确的成长路径可供参考，从业者会面对未来的不确定性和新变化所带来的焦虑，甚至面临打工和创业的艰难选择，在工作过程中，保持清晰的思路并持续学习，才能提高产品经理的竞争力。

9.3 加强认知

9.3.1 如何发现产品机会

迫于营收和用户增长压力，我们在讨论业务的时候，方向总会偏离现有的核心业务并想外扩。但是我们的实际目的很简单，就是使产品的场景和用户规模化。在大多数情况下，团队很少会停下来研究我们现有的产品和服务有哪些地方可以做深做透。

实际上，每个产品所在的价值链都有机会做得更下沉，以提高产品的竞争力，不必急于在其他领域探索新的方式。下面我们从两个方向讨论如何发现产品机会，如图 9-3 所示。

图 9-3 发现产品机会

1. 方向 1：向内看

什么是向内看？就是向我们自己的产品内部和组织内部看。向内看什么？看自己为用户提供的产品或服务的长期价值，这个长期价值一定是稳定的，能解决用户的核心问题。然后我们将长期价值提炼出来，进行稳定的迭代和加强。一般来说，价值包括有形价值和无形价值两种。

（1）有形价值。

有形价值是用户容易感受到的在短期内能起作用的价值。

例如，用户的手机内存不够用，我们提供一个清理工具，该工具能准确区分重要文件和垃圾文件，当用户看见自己的手机瞬间释放了较大的空间时，会有很好的体验。

（2）无形价值。

无形价值是用户很难感受到的需要很长时间才能体现出效果的价值。

例如，用户的手机内存不够用，我们提供一个把内容存到云端的解决方案，用户可以将照片和视频随时保存到云端，下载即可查看。虽然用户下载一个 App 才能解决"手机内存不够用"的问题，但这个方法是更有价值的，因为不仅内容不会丢失，还可以对其进行分组管理，如母婴类 App 可以建立记录宝宝成长过程的相册，并能设置仅家庭成员能看见相册中的内容。

我们讨论的有形价值和无形价值不是看得见和看不见的价值，而是看用户使用产品时感受的强烈程度和影响用户的时间长度。

2．方向 2：向外看

向外看什么？看我们的产品或服务吸引用户的原因。为什么要向外看？为了发现机会。

在互联网上，我们见到了太多的成功案例，但实际上，几乎有 99%的创业都是不成功的，在这个过程中，创业者能学到的经验更加重要。产品经理要保持头脑清醒，客观看待实际发生的情况，下面来看两个例子。

第 1 个例子是 YouTube 视频网站，其于 2006 年被谷歌公司收购，YouTube 创办之初是想做约会网站，但经过一段时间的运营后，发现大家更喜欢的是上传视频和看视频的功能，随后调整为综合性运营策略。

第 2 个例子是 slack，该软件能帮助团队完成在线沟通、文件分享和项目管理工作。它的创始人开发了一款游戏，为了使该游戏公司在加拿大和美国的分部沟通顺畅，就开发了 slack 的早期版本，后来 slack 演变成了今天的独角兽产品，而该公司的游戏开发团队也投入该产品的开发中。

发现机会需要具有两个能力，一是对用户需求的判断能力，二是数据能力。做产品要先基于用户需求设计解决方案，再分析数据，以做出有效的改善策略。我们应该深入理解业务本质及用户需求，并用科学的方法将两者连接起来。

9.3.2 如何提高产品价值

提高产品价值可以从两个方向考虑，第 1 个方向是扩大产品的用户规模，第 2 个方向是拓展产品的使用场景，也就是我们常说的"无限场景"，场景需求是由用户习惯催生的，如微信朋友圈、微信小程序之前只能在手机上用，但现在却能在计算机上用了。

扩大用户规模可以把各收入层次、年龄层次和多种职业的用户拉进来，提供多样化服务也能扩大用户规模。以教育类产品为例，产品可以先解决学前教育用户的需求，等他们长大后继续做 K12 内容。

实现无限场景的思路如图 9-4 所示，横向列出的是我们的产品所在的赛道，也可以列出其他我们所知的赛道；纵向列出的是产品能触达的环节。对于一个卖服装的电商 App，可以将业务延伸到做衣服的原材料上，如果能把握原材料的价格优势和效率，就可以为用户提供更多物美价廉的衣服。我们在图 9-4 中加一个斜着的区域来切割横纵两个维度，就能看出我们所在的业务更有可能覆盖哪个场景了。

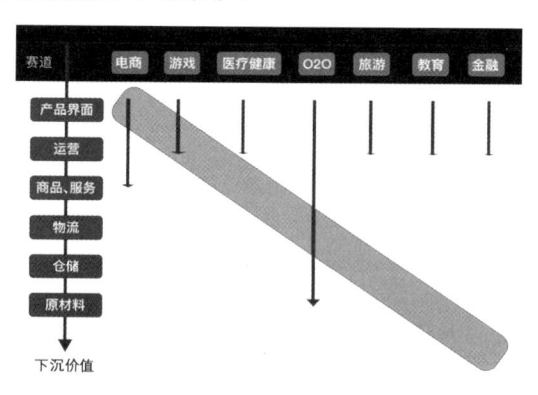

图 9-4 实现无限场景的思路

在实际拓展产品的使用场景之前,我们要搞清楚 3 个关键问题。

1. 平移场景之间的弥合度

我们在延伸场景时,需要考虑两个场景能否实现无缝对接。例如,一个提供挂号服务的产品,可以考虑做医疗辅助器材的买卖或租赁,但不适合做在线 K 歌 App。场景之间的两种关系如下。

(1)场景相互弥补。

在场景 A 中没有做完的事情,可以在场景 B 中做完。例如,用户外出时使用耳机听音乐,回到家后使用音响听音乐,则我们可以从做耳机延伸到做音响,使用户听音乐的需求在这两个场景中都能得到满足。

对于跨屏幕的场景弥补,如果服务或产品在移动端,可以考虑对 PC 端的场景做平移,但不能盲目去做,还需要考虑是否能持续带来增量或对现有的流量有更好的转换。有的团队将 H5 版本的产品嵌套在微信公众号,没过多久又去做 App,没有考虑到开发 App 所需要的时间和人力成本,以及用户获得和使用 App 的成本。

(2)场景可连续发生。

除了场景相互弥补的情况,在存在先后顺序的两个场景之间也能做平移。例如,笔者所做的健身房 SaaS 产品,除了提供课程,还提供体成分分析、运动伤害与保护、健身餐等,这些场景就存在先后顺序。

2. 服务能力平移

有一家做财务软件的公司,目前所占的市场份额超过 80%,在提供服务的过程中,公司发现市场上缺乏大量财务从业人员,觉得提供财务人员培训和认证服务是个好机会,那么在将公司的服务能力平移至其他业务时,建议从以下两点考虑。

(1)持续生产内容的能力。

在为一个新的场景提供产品或服务时,要考虑所需要生产的内容是否包含在公司现有的能力内。

例如，做财务软件的公司想做财务人员培训需要考虑从线上移到线下的挑战，包括选址、师资团队、教学内容、考核、承诺兑现等，这些都不包含在公司现有的软件服务能力中。

笔者有朋友是做直播代运营的，后来切换到自营电商赛道，做了一段时间后不了了之了，导致其失败的关键指标不是流量，而是供应链能力。

（2）员工服务能力。

当我们解决其他场景的问题时，要考虑现有的团队是否能跟得上（重点是长期）。

3. 用户能力平移

在谈论用户能力时，比较直观的理解是用户是否具备使用我们的产品或服务的能力。例如，一个提供广场舞服务的 App，它主要面向的用户群是跳广场舞的阿姨，如果该产品为了更好解决阿姨们的健身需求，上线了尊巴、爵士舞等难度较大、强度较高的运动内容，则这些阿姨的能力是很难平移过去的。

用户能力平移不仅考验内容，还考验功能。

9.3.3 理解产品发展的全局

理解产品发展的全局需要考虑市场环境、用户能力增长、供给侧、竞品和替代品 5 个要素。

1. 市场环境

市场环境具有决定性作用，在将产品投入市场后，产品的价值才能得到体现。产品经理在衡量产品在市场中的优势时，可以从以下 3 个角度入手。

（1）市场存量：要看产品所在的市场还有多少剩余空间。如果某个领域已经有在持续增长的主要产品，且市场存量很少，则会考验新产品是否有能力抢到其他产品的用户。在市场存量不足的情况下，成功的概率较小。

（2）稳定性：我们一般希望市场不易受外部环境变化的影响，市场稳定性较差会使变现、人员结构、供给、用户等方面具有不确定性，而且这种变动是产品在短期内很难适应的。

（3）持续性：在相对较长的时间内，市场应能持续增长。

例如，团队想在某个小区附近面向3～5岁的孩子做早教培训，我们不考虑培训内容是否还可以丰富，只考虑用户，由于小区新增的业主是有限的，新增的孩子也不多，而且孩子们会长大，他们的用户很可能越来越少，市场很难持续增长。

2．用户能力增长

（1）用户规模。

用户能力增长要考虑用户规模，对于前面的早教培训例子，它的用户规模是递减的，就像一个水池，注入该水池的水很少，且会随着时间的流逝而漏水，这样的用户规模就不适合增长。营收计算如图9-5所示。

¥ 营收 = 用户规模 × 渗透率 × 转化率 × 购买力

图 9-5　营收计算

由图9-5可知，如果产品将一个用户规模不大的群体作为目标用户，则后续增加营收就会比较难。

（2）变现能力。

我们可以将变现能力理解为用户的购买能力，产品经理需要客观地看待真实数据。例如，一个团队想在下沉市场做开店工具，目前的事实是下沉市场的用户量足够大，但购买力相对较弱。这个团队认为，只要努力把用户的消费习惯建立起来，引导他们高频下单，就可以大幅提高交易额。但是他们忽略了一个事实：购买力较弱代表用户的支出预算是有限的，做不到高频下单。

3. 供给侧

可以将供给侧理解为给用户提供服务和内容的角色（如供应商），也可以将供给侧理解为产出内容的角色（如在社区发布内容的用户）。产品经理需要关注供给者数量和健康程度。

（1）供给者数量。

我们希望供给者越多越好，做 B2C 电商的团队希望有更多可以合作的供应商，做 C2B2C 电商的团队希望有更多店主来开店，做社区的团队希望有更多的意见领袖发布内容。不过，我们在追求数量的同时，也要思考供给的内容与产品方向是否契合，以及所提供的服务是否具有稳定性，供给侧稳定才能保证为用户提供确定性服务。例如，做奢侈品电商的团队希望与更多奢侈品供应商合作，并且希望他们的货源、价格、发货效率等都是稳定的。

（2）健康程度。

对健康程度的要求体现在质量上。对于生鲜类社区电商，在考虑供应链时，我们当然希望能够让用户一站式购齐，所以品类越多越好，这就要求有足够多的供应商入驻。假设我们提供的产品有荔枝，荔枝的供应商有 10 家，数量已经足够了，但其中有 9 家供应商的产量和供货价都不稳定，则这样的健康程度是不够的。

4. 竞品

一些团队希望照竞品做，尽量与竞品对齐，但在用户看来，该团队的产品可能是在抄袭，缺乏优势。特别是当团队处在迷茫期时，老板可能要求产品经理盯紧竞品的动作，只要对方有更新，我们就立即跟随，但我们始终不知道对方更新的意图是什么。笔者建议，对竞品要关注以下两个维度，避免盲目跟随，要找到适合自己的发展方向。

（1）学习竞品的优势。

竞品的优势一般与我们的短板对应，当我们谈论对手的优势时，实际谈论的是我们要学习和补足的地方。如果对方的优势是供应链强，我们就需要夯实供应链；如果对方的优势是发货速度快，我们就需要考虑配备前置仓或设法缩短发货时间等。不能停留在看竞品做了什么活动、增加了什么功能这样的表面。

（2）避免犯同样的错误。

我们不仅要学习竞品的优势，还要看到对方的错误，企业在激烈的竞争中成功的关键之一是比谁犯的错误少。竞争对手已经冒着风险得到了"教训"，我们就更应该避免犯同样的错误。

5．替代品

替代品能帮助我们预测风险。替代品不一定与当前的产品直接相关，但能取代当前的产品。替代一般发生在以下 3 种情况下。

（1）技术革新。

产品经理需要关注相关技术带来的可能性，做预先判断，这里不需要有太多逻辑，重点是看到可能性。

（2）场景替代。

在外卖业务出现之前，人们不方便出门时一般会选择速食，如方便面。如今，外卖能随时满足用户的饱腹需求，并且种类多、营养丰富，所以场景被替代也会直接带来风险。

（3）时间蚕食。

一天只有 24 小时，碎片时间很短，分配给每个产品的时间有限。例如，抖音的火爆直接带来的影响是使用户关注其他产品的时间被蚕食，甚至使用户发生了转移。

> **结论**
>
> 笔者认为，产品经理加强认知的步骤为：①学会发现产品机会；②思考如何提高产品价值，可以扩大产品的用户规模和拓展产品的使用场景，做到"无限场景"；③为了让产品能够顺利地走下去，产品经理需要理解产品发展的全局，考虑市场环境、用户能力增长、供给侧、竞品和替代品5个要素。建议读者朋友主动加强认知，不能被动等待机会。